언리얼 엔진 5로
제작하는 실시간 VFX

언리얼 엔진 5로 제작하는 실시간 VFX

나이아가라를 활용한 VFX 단계별 실습

이지성 · 송정은 옮김　흐리시케쉬 안두를레카 지음

i!i
에이콘

에이콘출판의 기틀을 마련하신 故 정완재 선생님 (1935-2004)

다양한 시각으로 이해의 폭을 넓혀준 나의 멘토 스리 샤라드 론데^{Shri Sharad Londhe},
늘 지원을 아끼지 않으셨던 나의 부모님,
집필에 몰두하는 동안 지지해준 사랑하는 아내 니랑기 안두를레카^{Nilangi Andurlekar},
책의 내용을 테스트하는 데 도움을 준 내 친구들과
모든 학생에게 감사의 마음을 전한다.

— 흐리시케쉬 안두를레카

흐리시케쉬 안두를레카의 책을 추천하는 글을 쓰게 돼 영광입니다. 저자는 CG 감독부터 실시간 기술 전문가까지 다양한 직종을 거쳐왔으며, 우리가 서로 알고 지낸 시간도 어느덧 18년이 넘었습니다. 지난 몇 년간 실시간 기술은 성숙기를 거치며 게임에서 비주얼 이펙트$^{VFX,\ Visual\ Effect}$로 옮겨갔습니다. 저는 운 좋게도 영화의 컴퓨터 그래픽스 작업과 게임 및 가상현실$^{VR,\ Virtual\ Reality}$의 인터랙티브 그래픽스 작업을 했었고, 이 기술을 현재의 게임과 비주얼 이펙트 산업에도 적용할 수 있어 다행이라 생각합니다.

게임에서 멋진 효과를 만들 수 있게 된 후, 실시간 게임 엔진은 영화의 비주얼 이펙트 생성 방식에 혁신을 불러왔습니다. 이제 비주얼 이펙트 아티스트는 언리얼과 같은 최신 게임 엔진의 성능과 속도 덕분에 실시간으로 훌륭한 비주얼 이펙트를 만들게 됐고, 긴 렌더링 시간이나 비용이 많이 드는 포스트 프로덕션$^{post-production}$ 과정도 사라졌습니다.

이 기술로 사실적인 가상 세트$^{virtual\ set}$부터 복잡한 파티클 이펙트까지 모든 것을 만들 수 있습니다. 따라서 영화 제작자는 지금까지 불가능했던 스케일로 몰입감과 현실감 넘치는 세계를 만들 수 있게 됐습니다. 또한 비주얼 이펙트 아티스트는 실시간 게임 엔진을 사용해 자신의 작업 결과를 바로 확인하면서 여러 번 디자인을 수정하기가 수월해졌습니다.

안나푸르나 스튜디오$^{Annapurna\ Studios}$에서는 영화 제작에 실시간 기술을 이용함으로써 인도에서 가장 큰 LED 볼륨을 구축했습니다. 제가 속한 팀에서는 이 기술을 채택하면서부터 아티스트가 기술의 기본기를 갖추는 데 도움을 줄 교육 콘텐츠가 필요하다고 생각했습니다.

이 책은 입문자가 실시간 비주얼 이펙트를 어려움 없이 시작할 수 있도록 도움을 줍니다. 내용을 따라 차근차근 작업을 진행하며 툴 사용법을 익히다 보면 콘텐츠 제작의 준비 단계까지 도달하게 될 것입니다. 언리얼에 친숙한 아티스트라 해도 나이아가라^{Niagara}를 사용하는 것이 부담스러울 수 있지만, 이 책과 함께라면 기본기를 다지는 데 문제가 없을 것입니다. 저자는 인터페이스를 쉽게 설명했을 뿐만 아니라 사용자 정의 모듈과 이벤트 핸들러 같은 고급 개념까지도 다룹니다.

언리얼 엔진^{Unreal Engine}은 감독이 실시간으로 세트를 실험할 수 있는 방법을 제공하고 있는데, 버추얼 프로덕션 분야의 신참들은 이러한 워크플로를 간과할 때가 많습니다. 이러한 실시간 실험은 블루프린트를 사용해 할 수 있고, 이 책에서는 게임이나 버추얼 프로덕션 스튜디오의 런타임에 파티클 시스템을 조정할 수 있는 워크플로도 소개합니다.

나이아가라의 파티클 이펙트라는 꽤 어려운 주제를 단계별로 이해하기 쉽게 풀어준 저자의 노고에 감사의 마음을 전합니다. 그가 앞으로 세상에 내놓을 많은 책이 모두 성공하길 기원합니다.

이제 나이아가라를 향한 멋진 여정을 시작해봅시다.

— P N 스와티^{P N Swathi},
하이데라바드^{Hyderabad}의 AGM 안나푸르나 스튜디오,
버추얼 프로덕션 프로듀서

| 옮긴이 소개 |

이지성 (easystar@naver.com)

고려대학교 컴퓨터정보통신대학원을 졸업했으며, 석사 논문을 주제로 특허를 받았다. 앤앤지㈜와 ㈜엠게임에서 게임 클라이언트 프로그래머로 MMORPG 게임을 개발했다. 이후 응용 프로그래머로 전향해 유니닥스㈜에서 PDF 에디터, 디지털 교과서 등을 개발했다. 현재는 자율주행 및 전자장비 개발 회사인 ㈜에스더블유엠에서 책임 연구원으로 재직 중이다. 역서로는 『유니티로 배우는 C# 프로그래밍 6/e』(에이콘, 2023)이 있다.

송정은 (stardust1221@naver.com)

평소 프로그램과 영어 두 분야 모두에 관심이 많아 세종대학교에서 컴퓨터공학을 전공한 후, 국제영어대학원대학교^{IGSE}에 전액 장학생으로 입학해 석사 학위를 취득했다. 이후 빅데이터, 인공지능, 게임 개발 등 다양한 IT 분야의 원문들을 발 빠르게 섭렵하며 온라인 강좌를 준비하고 있다. 역서로는 『유니티로 배우는 C# 프로그래밍 6/e』(에이콘, 2023)이 있다.

| 옮긴이의 말 |

오늘날 비주얼 이펙트는 게임은 물론 영화, 애니메이션, 산업 디자인 등 다양한 분야에서 널리 사용되고 있습니다. 저는 이 비주얼 이펙트가 화룡점정畵龍點睛과 같은 결정적인 역할을 한다고 생각합니다. 비주얼 이펙트를 사용하는지 여부가 결과물에 큰 차이를 만들기 때문입니다. 예를 들어 마블 영화 〈닥터 스트레인지〉(2016)에서는 화려한 마법뿐만 아니라 시공간이 왜곡되며 여러 차원을 드나드는 멋진 장면들이 연출됩니다. 이 수많은 비주얼 이펙트가 해당 장면에 날개를 달아주지 않았다면 이렇게 실감 나는 영상이 탄생할 수 있었을까요?

이 책은 언리얼 엔진 5UE5, Unreal Engine 5의 비주얼 이펙트 툴인 나이아가라를 배우려는 사람들을 대상으로 합니다. 입문자가 학습하기에는 다소 어려운 나이아가라를 기본부터 매우 이해하기 쉽게 잘 설명하고 있으며, 단계별로 실습을 따라 하다 보면 어느새 나이아가라에 익숙해질 것입니다. 그리고 이러한 장점이야말로 아마존에서 이 책이 좋은 평가를 받는 이유라 생각합니다. 또한 아직 국내에 나이아가라를 집중적으로 다룬 책이 없으므로, 나이아가라를 배우는 기본 학습서로 활용되든 프로젝트 진행 과정에 필요한 참고서로 활용되든 전혀 손색이 없을 것입니다.

참고로, 언리얼 엔진은 한글을 지원하지만 아직 번역되지 않은 부분이나 어색한 표현도 많습니다. 물론 '에디터 개인설정'에서 언어를 변경할 수도 있지만, 영어로 된 화면과 메뉴보다는 우리말로 된 화면과 메뉴가 독자 여러분이 툴을 익히는 데 좀 더 편리할 것으로 판단해서 우리말 화면을 기준으로 원서의 내용을 옮겼습니다.

또한 원서는 언리얼 엔진 5.1 버전을 기준으로 저술됐으나, 11장의 내용은 언리얼 엔진 5.0에 해당합니다. 그런데 11장에서 사용하는 일부 모듈과 프로퍼티는 5.1 이상에서는 더 이상 지원하지 않으므로, 이 책에서는 11장을 언리얼 엔진 5.2 버전에 맞춰 개정했습니다. 이 과정에서 최선을 다하고자 노력했으나 부족한 부분이 있을지도 모릅니다. 미흡하거나 궁금한 점이 있을 경우, 에이콘출판사 편집 팀이나 제 이메일로 문의해주시면 성심을 다해 답변드리겠습니다.

끝으로, 좋은 책을 번역할 기회를 주신 임지원 님과 책을 멋지게 편집해주신 김진아 님, 전도영 님 등 에이콘출판사의 모든 임직원 여러분께 감사드립니다.

— 이지성, 송정은

| 지은이 소개 |

흐리시케쉬 안두를레카^{Hrishikesh Andurlekar}

언리얼 공인 트레이너이자 화이트 레이블 게임 및 시뮬레이션을 포함한 맞춤형 인터랙티브 콘텐츠를 제공하는 스튜디오인 티플러스플러스 인터랙티브^{TPlusPlus Interactive}의 설립자다. 티플러스플러스는 언리얼의 공인 교육 센터이기도 하다. 뭄바이대학교에서 기계공학을 전공했으며, 티플러스플러스를 설립하기 전에는 대형 스튜디오에서 전통적인 VFX/CG 파이프라인을 사용하는 영화의 CG 감독으로 일했다. 언리얼 엔진, 유니티^{Unity}, 고도^{Godot}와 관련해 다양한 경력을 갖고 있으며, 인터랙티브와 관련된 모든 주제에 컨설턴트이자 연사로 나서고 있다.

| 기술 감수자 소개 |

벤자민 푸 Benjamin Foo

실시간 렌더링과 버추얼 프로덕션을 중점적으로 다루는 3D 제너럴리스트이자 언리얼 아티스트다. 방송 브랜딩, 광고, 영화/TV 비주얼 이펙트 분야에서 12년간 경력을 쌓았으며, 페트로나스Petronas, 넷플릭스, 아스트로Astro, 삼성, 이케아 등의 기업들과 작업했다. 아트스테이션Artstation에서 'Jim Banne'라는 닉네임을 사용하는 디지털 조각가이며, Mastered UK에서 실시간/언리얼 엔진 멘토이기도 하다. 현재 싱가포르에 거주하고 있으며 여가 시간에는 공상 과학 소설을 많이 읽는다.

투오모 타이바이넨 Tuomo Taivainen

케베로스 프로덕션즈Kerberos Productions가 제작한 프로젝트에서 언리얼 엔진 4와 5의 블루프린트와 C++로 게임플레이, 배경 시스템, AI, UI를 개발한 경험 많은 게임 프로그래머다. GameDev.tv의 커뮤니티 회원이자 조교이기도 하다.

나세르 에슬라미^{Naser Eslami}

실시간 비주얼 이펙트 아티스트로, 2012년 애니메이션과 상업용 TV의 비주얼 이펙트 아티스트로 업계에 첫발을 내디뎠다. 2016년에는 게임 산업과 언리얼 엔진의 실시간 비주얼 이펙트에 관심을 갖게 됐다. 2013년 처음으로 게임을 개발했으며, 그 후 몇 년간 상업용 TV와 단편 애니메이션에 언리얼 엔진을 사용했다. 현재 언리얼 엔진 마켓플레이스의 콘텐츠 크리에이터로 일하면서 언리얼 엔진으로 멋진 실시간 비주얼 이펙트를 만드는 재미에 푹 빠져 있다.

주바이다 니라^{Zubaida Nila}

확장현실^{XR, eXtended Reality} 버추얼 프로덕션과 비주얼 이펙트 분야의 학술 연구원으로 활동 중이며, 창조 산업^{creative industry} 전문가들을 이끌고 협력하는 탁월한 능력을 지녔다. 말레이시아 최초의 언리얼 엔진 회원으로, 에픽게임즈의 여성 크리에이터 프로그램^{Women Creators Program}에서 심층 교육을 받았다. 창조 산업 행사나 대학에서 언리얼 워크숍을 진행하면서 수백 명의 참가자에게 조명 및 영화 촬영을 중심으로 언리얼 엔진 5 실무 경험을 제공하고 있다. 또한 테크니컬 워크숍을 운영하면서 지역 영화 및 광고에 비주얼 이펙트 아티스트로도 참여하고 있다. 현재 석사 학위 논문을 쓰고 있으며 언리얼 공인 강사가 되기 위한 단계를 밟아나가고 있다.

| 차례 |

5장　이미터-시스템의 재정의　137

2부 ― 나이아가라 비주얼 이펙트 탐구

6장　동적 입력 살펴보기　151

언리얼 엔진의 나이아가라는 에픽게임즈^{Epic Games}가 언리얼 엔진용으로 개발한 강력한 비주얼 이펙트 시스템이다. 따라서 나이아가라를 사용하면 개발자와 아티스트가 실시간으로 멋지고 정교한 파티클 이펙트와 시뮬레이션을 만들어 게임, 영화 등에 고품질의 비주얼을 구현할 수 있다. 그러나 나이아가라를 학습하는 과정이 쉽지 않아 입문자에게는 다소 버거울 수 있다. 이 책에서는 이러한 문제를 고려해 나이아가라를 쉽고 자세히 설명했다.

이 책의 대상 독자

실시간으로 복잡한 파티클 시뮬레이션을 만드는 데 사용되는 강력한 비주얼 이펙트 툴인 언리얼 엔진의 나이아가라를 처음 배우려는 사람을 대상으로 한다. 또한 게임 개발자, 비주얼 이펙트 아티스트 혹은 취미로 즐기는 사람 등 다양한 독자를 고려해 나이아가라 시스템과 그 특징 및 기능을 폭넓게 소개한다. 이 책은 명쾌한 설명, 실용적 예시, 단계별 가이드를 제공해 언리얼 엔진으로 멋진 파티클 시뮬레이션과 비주얼 이펙트를 만드는 데 많은 도움을 줄 것이다.

이 책에서 다루는 내용

1장. 언리얼 엔진의 파티클 시스템 프레임워크 시작하기　언리얼 엔진에서 파티클 시스템이 거쳐온 과정을 간략히 설명한다.

2장. 파티클 시스템의 개념 이해하기　기본적인 파티클 시스템의 개념을 배운다.

3장. 나이아가라 개념 및 아키텍처 탐색하기   나이아가라만의 특징적인 개념을 익히고, 아키텍처, 관련 용어, 워크플로 전반을 대략적으로 살펴본다.

4장. 첫 번째 나이아가라 시스템 구축하기   UI를 소개하고 나이아가라 시스템을 처음 만드는 데 도움을 줄 것이다.

5장. 이미터-시스템의 재정의   모듈 및 파라미터 재정의와 워크플로 팁을 살펴본다.

6장. 동적 입력 살펴보기   동적 입력을 사용해 어떻게 파라미터 입력을 확장하고 복잡한 동작을 구현하는지 배운다.

7장. 사용자 정의 나이아가라 모듈 생성하기   사용자 정의 모듈로 나이아가라 성능을 확장하는 방법을 살펴본다.

8장. 로컬 모듈과 버전 관리   빠르고 간단한 모듈 개발 기술과 버전을 추적하는 방법을 설명한다.

9장. 이벤트와 이벤트 핸들러   이벤트와 이벤트 핸들러를 사용해 이미터 간의 상호작용을 살펴본다.

10장. 나이아가라의 디버깅 워크플로   디버거 패널, 디버그 드로잉, 디버그 콘솔 명령으로 작업하는 방법을 자세히 다룬다.

11장. 블루프린트로 나이아가라 파티클 제어하기   나이아가라 시스템이 포함된 블루프린트로 사용이 간편한 에셋을 만들고 public 변수로 나이아가라 시스템을 제어하는 방법을 배운다.

⫶ 이 책을 최대한 활용하는 방법

언리얼 엔진의 나이아가라를 본격적으로 시작하기 전에 언리얼 엔진 에디터의 기본적인 사항을 미리 파악해두는 것을 권장한다. 필수 사항은 아니지만, 비주얼 스크립팅 언어(블루프린트나 이와 유사한 프로그래밍 언어)에 익숙하다면 도움이 될 것이다. 물론 컴퓨터 그래픽스와 이미터, 파티클 수명, 파티클 어트리뷰트와 같은 파티클 시스템의 기본 개념을 알고 있다면 학습하기에 더 유리하다. 더 나아가 벡터 수학과 기본적인 물리 개념도 알고 있다면 파티클 시뮬레이션 작업이 더 수월할 것이다. 이러한 기본 사항 중 몇 가지는 책의 앞부분에서 다룬다.

이 책에서 다루는 소프트웨어/하드웨어	필수 운영체제
언리얼 엔진 5.2 – 나이아가라	윈도우, 맥OS, 리눅스

운영체제는 윈도우 11을 권장한다.

다음 절의 깃허브^{GitHub} 링크에 게시된 프로젝트에서 이 책의 모든 예제를 사용할 수 있다. 나이아가라 시스템이 예상과 달리 잘 작동하지 않는다면, 프로젝트 파일을 다운로드해 작업 중인 나이아가라 시스템의 예제를 찾아보고 놓친 부분은 없는지 파악한다. 언리얼 엔진 5.2보다 최신 버전을 사용한다면, 프로젝트 업그레이드 중에 발생할 만한 오류는 없는지 재차 확인해보자.

예제 코드 다운로드

이 책의 언리얼 프로젝트 파일은 깃허브(https://github.com/PacktPublishing/Build-Stunning-Real-time-VFX-with-Unreal-Engine-5)에서 다운로드할 수 있다. 하지만 저자의 깃허브에 있는 프로젝트는 5.0 버전을 5.1로 마이그레이션한 것이므로, 언리얼 엔진 5.1 이상에서 작업한 프로젝트와 차이가 있다. 따라서 좀 더 편하게 실습을 진행하려면 에이콘출판사의 도서정보 페이지(http://www.acornpub.co.kr/book/vfx-ue5)에서 언리얼 엔진 5.2 버전의 프로젝트를 다운로드하자.

컬러 이미지 다운로드

이 책에 사용된 스크린샷과 다이어그램의 컬러 이미지를 담은 PDF 파일이 별도로 제공된다. 팩트출판사 웹 사이트(https://packt.link/jM6sa)와 에이콘출판사의 도서정보 페이지(http://www.acornpub.co.kr/book/vfx-ue5)에서 컬러 이미지를 다운로드할 수 있다.

편집 규약

이해를 돕고자 다루는 정보에 따라 글꼴 스타일을 다르게 적용했다. 이러한 스타일의 예와 의미는 다음과 같다.

고딕: 화면상에 표시되는 메뉴나 버튼은 다음과 같이 표기한다. "상단의 툴바에서 **컴파일** Compile 버튼을 클릭한다."

> **NOTE**
>
> 팁이나 중요한 참고 사항은 이와 같이 나타낸다.

⫶ 고객 지원

문의: 이 책과 관련해 문의 사항이 있다면 메일 제목에 책명을 적어서 customercare@packtpub.com으로 이메일을 보내주길 바란다. 한국어판에 관한 질문은 이 책의 옮긴이나 에이콘출판사 편집 팀(editor@acornpub.co.kr)으로 문의할 수 있다.

정오표: 내용을 정확하게 전달하고자 최선을 다했지만, 그럼에도 실수가 있을 수 있다. 이 책에서 문제점을 발견했다면 팩트출판사 웹 사이트(www.packtpub.com/support/errata)에서 해당 양식을 작성해 알려주길 바란다. 한국어판의 정오표는 에이콘출판사의 도서정보 페이지(http://www.acornpub.co.kr/book/vfx-ue5)에서 찾아볼 수 있다.

저작권 침해: 인터넷에서 어떤 형태로든 팩트출판사 서적의 불법 복제물을 발견하면 해당 주소나 웹 사이트의 이름을 알려주길 바란다. 의심되는 불법 복제물의 링크를 copyright@packtpub.com으로 보내주면 된다.

1부

언리얼 엔진 5의 나이아가라와 파티클 시스템 소개

1부의 목표는 파티클 시스템의 기본 개념을 익히고 나이아가라 사용자 인터페이스를 소개하는 것이다. 1부에서는 첫 번째 나이아가라 시스템의 생성 과정을 안내하고 시스템 계층 구조와 관련된 워크플로를 다룬다.

1부는 다음과 같이 구성된다.

- 1장. 언리얼 엔진의 파티클 시스템 프레임워크 시작하기
- 2장. 파티클 시스템의 개념 이해하기
- 3장. 나이아가라 개념 및 아키텍처 탐색하기
- 4장. 첫 번째 나이아가라 시스템 구축하기
- 5장. 이미터-시스템의 재정의

01

언리얼 엔진의 파티클 시스템
프레임워크 시작하기

언리얼 엔진의 파티클 시스템인 나이아가라^{Niagara}는 게임과 기타 인터랙티브 애플리케이션에서 멋지고 사실적인 특수 효과를 만들어내는 강력한 툴이다. 개발자는 파티클 시스템으로 불, 연기, 비, 눈 등 다양한 파티클 이펙트를 생성하고 조작할 수 있다. 파티클 시스템에서는 고도화된 사용자 정의 환경과 다양한 설정으로 독특한 효과를 만들 수 있다. 즉, 나이아가라는 실시간 성능에 최적화돼 있어 게임 개발자가 눈에 띄는 비주얼 이펙트^{VFX, Visual Effect}를 추가하고 싶을 때 많이 사용한다.

나이아가라는 이전 버전에 비해 여러 주요 사항이 개선된 덕분에 언리얼 엔진의 파티클 시스템으로서 캐스케이드^{Cascade}를 대체했다. 나이아가라는 좀 더 유연하고 확장 가능하며 우수한 성능으로 설계됐기 때문에 최신 게임 개발에 더 적합하다.

나이아가라가 캐스케이드와 차별화되는 몇 가지 주요 기능으로 좀 더 현대적이고 사용자 친화적인 인터페이스, 향상된 파티클 시뮬레이션 기능, 더 나은 성능 및 확장성을 꼽을 수 있다. 또한 나이아가라는 개발자가 비주얼 인터페이스나 코드를 사용해 파티클 이펙트를 생성하고 관리할 수 있으므로, 다양한 사용 사례에 적합한 만능 도구라 할 만하다.

나이아가라는 좀 더 유연하고 확장 가능하도록 설계돼 개발자가 쉽게 사용자 정의 파티클 이펙트를 생성하고 프로젝트에 통합할 수 있다. 이로 인해 나이아가라는 현재 게임 개발 산업에서 가장 인기 있고 널리 사용되는 파티클 시스템 중 하나가 됐다.

파티클 시스템 모듈의 개요를 다루면서 언리얼 파티클 시스템의 여정을 시작할 것이다. 지난 몇 개 버전에 걸쳐 예전의 캐스케이드 파티클 시스템에서 나이아가라 파티클 시스템으로 전환됐기 때문에 언리얼의 파티클 시스템 워크플로에 주요한 변화가 있었다. 언리얼 엔진 5는 캐스케이드 파티클 시스템을 계속 지원하지만, 캐스케이드에서 새로운 에셋[1]이 추가되는 일은 없을 것이다. 그러나 캐스케이드로 만든 예전 프로젝트를 지원해야 하는 경우를 대비해 1장에서는 캐스케이드에 익숙해지도록 연습을 해본다.

더 나아가 나이아가라가 가져올 변화와 향후 기대되는 기능들도 다뤄본다. 또한 나이아가라가 개발된 이유를 자세히 알아보고, 나이아가라의 흥미로운 사용 사례로 이 장을 마무리할 것이다.

1장에서는 다음 내용을 다룬다.

- 언리얼의 파티클 시스템

- 캐스케이드 파티클 시스템

- 나이아가라 개발 배경

- 나이아가라의 사용 사례

⁝⁝ 기술적인 요구 사항

이 장을 진행하려면 언리얼 엔진 5를 실행할 수 있는 컴퓨터가 필요하다. 또한 언리얼 엔진 설치 시 제공되는 기본 에셋을 사용할 것이다.

---

1   게임이나 애플리케이션에서 사용되는 리소스를 '에셋(asset)'이라고 한다. - 옮긴이

에픽게임즈 런처^{Epic Games Launcher}를 사용해 언리얼 엔진을 설치하는 단계는 다음과 같다.

1. **에픽게임즈 런처 다운로드**: 언리얼 엔진 웹 사이트(https://www.unrealengine.com/ko/download)에서 **런처 다운로드** 버튼을 클릭한다. 설치 파일을 다운로드한 후, 더블 클릭해 에픽게임즈 런처를 설치한다.

2. **로그인 또는 계정 생성**: 이미 언리얼 엔진 계정이 있다면 로그인한다. 계정이 없으면 새로운 계정을 만든다.

3. **에픽게임즈 런처 실행**: 로그인한 후 에픽게임즈 런처를 실행한다.

4. **언리얼 엔진 설치**: 에픽게임즈 런처에서 **라이브러리** 탭을 클릭하고 리스트에서 언리얼 엔진의 버전을 선택한 후, 아래의 **설치** 버튼을 클릭한다. 설치 과정이 시작되고 **다운로드** 탭에서 진행 상황을 확인할 수 있다. 전체 언리얼 엔진 설치에는 최대 60GB가 필요하므로 최소 80GB의 디스크 여유 공간이 있는지 확인한다.

5. **언리얼 엔진 실행**: 설치가 완료되면 에픽게임즈 런처에서 **실행** 버튼을 클릭해 언리얼 엔진을 실행한다.

실행 과정은 이게 전부다. 에픽게임즈 런처를 사용해 언리얼 엔진을 성공적으로 설치했다.

권장되는 시스템 구성 요구 사항은 다음과 같다.

- 윈도우 10(64비트, 버전 20H2)

- 32GB RAM

- 256GB SSD(운영체제 드라이브)

- 2TB SSD(데이터 드라이브)

- 엔비디아 지포스 RTX 2080 SUPER

- AMD 라이젠 7 5800H 이상(인텔 코어 i9, 10세대 이상)

이 책에서 작업한 프로젝트는 깃허브(https://github.com/PacktPublishing/Build-Stunning-Real-time-VFX-with-Unreal-Engine-5)에서 확인할 수 있다.

그럼 언리얼 엔진에서 파티클 시스템이 어떻게 구현되는지 알아보자.

언리얼의 파티클 시스템

파티클particle은 파티클 시스템에서 관리하는 이미지, 메시, 조명, 심지어 완전히 리깅[2]된 캐릭터와 같은 에셋의 모음이다. 파티클 시스템을 사용하면 이러한 수많은 요소를 관리하고 로직과 동작을 연결할 수 있다.

파티클 시스템이라는 용어는 1982년 루카스필름에서 연구원으로 일하던 윌리엄 T. 리브스William T. Reeves가 처음 사용했다. 그는 영화 〈스타 트랙 2 – 칸의 분노〉(1982)에서 행성을 지구처럼 변화시키는 이펙트를 개발하고 있었다. 이러한 지구화 과정을 표현하기 위해, 행성 전체에 파동을 일으키며 퍼져나가는 제네시스 이펙트Genesis Effect라는 비주얼 이펙트를 만들었다. 해당 이펙트는 유튜브(https://www.youtube.com/watch?v=52XlyMbxxh8)에서 확인할 수 있다.

파티클 시스템이라는 용어는 제네시스 이펙트라는 이 특수 효과 덕분에 만들어진 것이다.

파티클 시스템의 각 파티클은 개별적인 요소이지만, 파티클 시스템의 모든 파티클이 함께 결합되면 폭발하는 파이어볼이나 폭죽 효과 같은 더 큰 개체의 이펙트도 만들 수 있다.

게임에서 불, 연기, 증기와 같은 다양한 효과를 보여주려면 파티클 시스템이 필요하다. 언리얼 엔진은 이전에 언리얼 엔진 3/언리얼 개발 키트UDK, Unreal Development Kit 시기부터 파티클 시스템 이펙트를 생성할 수 있는 캐스케이드라는 툴을 제공했다. 캐스케이드는 언리얼 엔진 4에서도 사용할 수 있다. UE 4.20에서 에픽은 캐스케이드를 대체할 베타 버전 플러그인으로 새로운 나이아가라 FX 시스템을 도입했지만, 기본적으로 활성화되지는 않았다. 이후 버전의 언리얼 엔진에서는 캐스케이드와 함께 나이아가라가 기본적

---

2   리깅은 3D 캐릭터 모델에 뼈대 구조를 설정해 캐릭터가 움직일 수 있게 만드는 작업이다. – 옮긴이

으로 활성화돼 있다. 사용자 인터페이스는 점차 나이아가라로 쉽게 전환할 수 있도록 캐스케이드를 기본 파티클 이펙트 생성 툴로 계속 우선 적용했다. 그러나 언리얼 엔진 5에서 파티클 생성의 기본 방법이 나이아가라로 변경됐으며, 캐스케이드는 케스케이드 파티클 이펙트가 포함된 레거시 프로젝트를 지원하기 위해서만 존재한다.

그림 1.1 콘텐츠 브라우저에서 마우스 우 클릭 팝업 메뉴를 사용해 나이아가라 시스템 생성

대부분의 캐스케이드 시스템을 나이아가라 시스템으로 변환할 수 있는 **Cascade To Niagara Converter**라는 플러그인도 있다. 이 플러그인에는 변환에 도움이 되는 블루프린트 함수 라이브러리^{Blueprint Function Library}와 일부 파이썬^{Python} 스크립팅이 포함돼 있다. 언리얼 5의 **플러그인 브라우저** 탭에서 플러그인을 활성화할 수 있으며 **플러그인 브라우저** 탭은 메뉴 바에서 **편집**^{Edit} ➤ **플러그인**^{Plugins}을 클릭해 열 수 있다.

그림 1.2 Cascade To Niagara Converter 플러그인

이 플러그인을 활성화하면 콘텐츠 브라우저^{Content Browser}에서 캐스케이드 파티클 시스템 에셋을 마우스 오른쪽 버튼으로 클릭할 때 메뉴에 새로운 옵션이 추가된다.

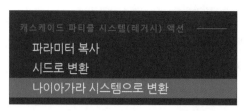

그림 1.3 Converter 플러그인을 사용해 캐스케이드 시스템을 나이아가라 시스템으로 변환

이 옵션을 선택하면 캐스케이드 시스템과 동일한 폴더에 _Converted 접미사가 추가된 새로운 나이아가라 시스템을 생성한다. 이 변환은 모든 경우를 완전히 지원하지 않으므로, 나이아가라 에디터에서 변환된 나이아가라 시스템을 열 때 일부 오류가 표시될 수 있으며, 이는 직접 수정해야 한다. 따라서 컨버터를 시작점으로 사용해 캐스케이드 시스템을 나이아가라 시스템으로 변환할 수는 있지만, 변환을 완료하려면 추가 작업이 대부분 필요하다.

요약하자면, 언리얼 엔진 5에는 기본 파티클 시스템인 나이아가라와 호환을 위해 제공하는 캐스케이드라는 두 가지 다른 파티클 시스템이 포함돼 있다. 다음 절에서는 캐스케이드 시스템의 개요를 살펴볼 것이다.

캐스케이드 파티클 시스템

캐스케이드Cascade는 언리얼 엔진에 통합된 모듈식 파티클 이펙트 에디터다. 언리얼 엔진 5.1부터는 캐스케이드 파티클 시스템을 생성하는 옵션이 **기타**Miscellaneous 섹션으로 이동됐다.

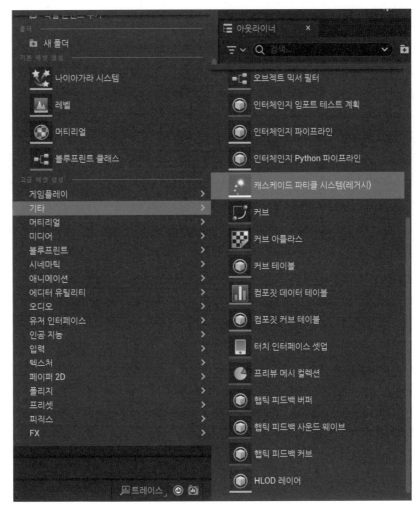

그림 1.4 언리얼 5에서 새로운 캐스케이드 파티클 시스템 생성

또한 캐스케이드 파티클 시스템이 포함된 UE4 프로젝트를 업그레이드할 때, 파티클 시스템 에셋을 더블 클릭하면 캐스케이드 에디터^{Cascade Editor}를 열 수 있다. 새로운 파티클 시스템을 생성하려면 나이아가라를 사용해야 한다. 이 장에서 캐스케이드에 충분히 익숙해지면 작업이 필요한 예전 프로젝트를 관리하는 데 도움이 될 것이다.

언리얼 엔진의 이전 파티클 시스템인 캐스케이드를 배우는 것은 다음과 같은 여러 이유로 여전히 중요하다.

- **레거시 콘텐츠**

  언리얼 엔진의 예전 프로젝트에서 여전히 캐스케이드를 많이 사용하고 있다. 따라서 기존 콘텐츠를 변경하거나 업데이트해야 할 때는 캐스케이드를 다룰 수 있는 능력이 매우 중요하다.

- **역사적 맥락**

  캐스케이드를 이해하면 언리얼 엔진의 역사와 진화 그리고 시간의 흐름에 따라 현재의 강력한 개발 플랫폼으로 어떻게 발전해왔는지까지를 아우르는 귀중한 통찰력을 얻을 수 있다.

- **기술 이전**

  캐스케이드에서 사용되는 많은 개념과 기술을 여전히 나이아가라에 적용할 수 있다. 따라서 캐스케이드를 배우면 향후 나이아가라의 작업에 적용할 수 있는 강력한 파티클 시스템 지식을 구축하는 데 도움이 된다.

- **채용 기회**

  예전 프로젝트가 아직 사용되는 영화나 텔레비전 등의 특정 산업에서 캐스케이드로 작업할 기회가 여전히 있을 수 있다.

나이아가라가 현재 언리얼 엔진의 파티클 시스템으로 캐스케이드를 대체했지만, 언리얼 엔진 개발자로서 캐스케이드와 그 기능은 여전히 배울 만한 가치가 있다.

예전 UE4 프로젝트에서 작업할 계획이 없다면, 이 장을 건너뛰고 2장으로 이동해도 괜찮다.

나이아가라로 들어가기 전에 캐스케이드가 어떻게 작동하는지 살펴보자.

캐스케이드 파티클 시스템은 시작용 콘텐츠 패키지의 일부로 제공된다. 시작용 콘텐츠에는 사용자가 프로젝트를 시작할 때 작업에 사용할 몇 가지 기본 에셋이 있다. 즉, 언리얼 엔진에서 출발점으로 사용할 수 있는 에셋 모음인 것이다. 여기에는 일반적으로 프로젝트 프로토타입을 만드는 데 필요한 오디오 파일, 텍스처, 머티리얼, 메시, 파티클 시스템과 기타 에셋이 다수 포함돼 있다.

그럼 시작해보자. 새로운 언리얼 엔진 5 프로젝트를 만들고 시작용 콘텐츠를 활성화한다.

그림 1.5와 같이 새 프로젝트를 생성할 때 **시작용 콘텐츠**Starter Content 체크박스를 체크해 시작용 콘텐츠를 활성화할 수 있다.

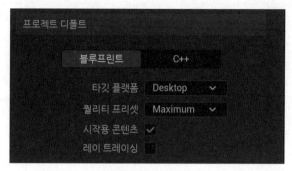

그림 1.5 시작용 콘텐츠 체크박스가 체크됐는지 확인

프로젝트가 생성되면 콘텐츠Content 폴더에 StarterContent 폴더가 보일 것이다. Starter Content 폴더 안의 Particles 폴더를 열면 몇 가지 샘플 캐스케이드 파티클 시스템을 찾을 수 있다.

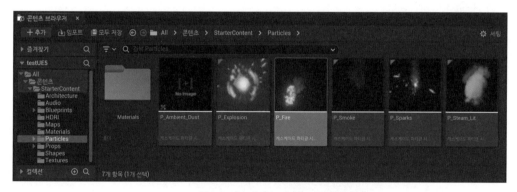

그림 1.6 캐스케이드 파티클 시스템(레거시)

P_Fire 시스템을 더블 클릭해 캐스케이드 인터페이스를 실행한다.

그림 1.7 캐스케이드 인터페이스

캐스케이드 인터페이스에는 6개의 주요 영역이 있다.

- 메뉴 바

- 툴바

- **뷰포트**

- **이미터**^{Emitters} 패널

- **디테일**^{Details} 패널

- **커브 에디터**

캐스케이드 에디터를 자세히 다루지는 않겠지만, 나이아가라와 관련된 에디터의 몇 가지 주요 기능을 살펴볼 것이다.

- 메뉴 바에는 기본적인 저장, 실행 취소, 다시 실행과 기타 메뉴 옵션이 있다.

- 툴바에도 저장, 실행 취소, 다시 실행 옵션과 아래와 같은 몇 가지 중요한 버튼이 있다.

  - **시뮬 재시작**^{Restart Sim}: **뷰포트** 창의 파티클 시뮬레이션을 재설정한다.

  - **레벨 재시작**^{Restart Level}: 레벨에서 파티클 시스템 인스턴스를 재설정한다.

  - **섬네일**^{Thumbnail}: **뷰포트**의 스냅샷을 찍어 콘텐츠 브라우저에 섬네일로 저장한다.

  - **바운드**^{Bounds}: **뷰포트**에서 바운드 표시를 토글한다.

  - **원점 축**^{Origin Axis}: **뷰포트**에서 파티클 시스템의 원점 축을 토글한다.

  - **배경색**^{Background Color}: **뷰포트**의 배경색을 변경한다.

  - **세밀도**^{LOD, Level Of Detail}: 파티클 LOD를 생성하고 수정할 수 있는 옵션을 연다.

뷰포트는 파티클이 게임에 표시되는 것처럼 실시간 미리 보기를 제공한다. 뷰 모드의 하위 메뉴에서 **언릿**^{Unlit}, **와이어프레임**^{Wireframe}, **셰이더 복잡도**^{Shader complexity}와 같은 다양한 렌더링 모드도 사용할 수 있다. 또한 100%, 50%, 25%, 1% 등 다양한 속도로 시스템을 재생할 수도 있다. 뷰 메뉴에는 파티클 시스템의 다양한 측면을 시각화할 수 있는 많은 속성이 있으며, 여기서 세부적인 내용은 다루지 않을 것이다.

뷰포트에서는 마우스 왼쪽 버튼^{LMB, Left Mouse Button}으로 카메라를 텀블링하고, 마우스 가운데 버튼^{MMB, Middle Mouse Button}으로 카메라를 패닝하고, 마우스 오른쪽 버튼^{RMB, Right Mouse Button}으로 카메라를 회전할 수 있다. 또한 **Alt + LMB**로 파티클 시스템 궤도를 돌고, **Alt + RMB**로 줌인/줌아웃을 할 수 있다.

이미터 패널은 캐스케이드 파티클 에디터의 주요 작업 영역으로, 파티클 시스템에 포함된 모든 이미터를 생성할 수 있다. 또한 이미터에 다양한 모듈을 추가하고 수정할 수도 있다. 모듈은 이미터가 생성하는 파티클의 다양한 작동 방식을 제어한다. 모듈은 다른 모듈과 상호작용할 수 있으며, 이 상호작용은 모듈 스택 안에서의 위치에 영향을 받는다. 예를 들어, 서로 다른 속도를 적용하는 2개의 모듈이 있으면 해당 모듈의 누적 속도가 파티클에 적용된다.

이미터 생성

지금까지 캐스케이드 파티클 시스템을 어느 정도 배웠으므로, **P_Fire** 파티클 시스템에 새로운 이미터를 추가하는 방법을 살펴보자. 캐스케이드 이미터는 캐스케이드 파티클 시스템 내부에서만 생성할 수 있다.

그림 1.8 빈 공간에서 마우스 오른쪽 버튼을 클릭해 새 파티클 스프라이트 이미터 생성

패널의 빈 공간에 마우스 오른쪽 버튼을 클릭하고 **새 파티클 스프라이트 이미터**^{New Particle Sprite Emitter}를 클릭해 이미터를 추가할 수 있다.

그림 1.9 상단에는 이미터 블록이, 하단에는 모듈이 있는 새로 생성된 파티클 이미터

생성된 이미터는 상단에 이미터 블록이 있고 그 아래에 몇 개의 기본 모듈이 있는 열의 형태다. 이미터 블록에는 이미터의 주요 프로퍼티^{property3}가 포함돼 있으며, 클릭해 액세스할 수 있다. 이미터 블록을 클릭하면 디테일 패널에 **이미터 이름**^{Emitter Name}, **이미터 렌더 모드**^{Emitter Render Mode}, **디테일 모드 비트마스크**^{Detail Mode Bitmask} 등 편집 가능한 프로퍼티가 표시된다. 또한 **이미터 에디터 컬러**^{Emitter Editor Color} 설정을 변경해 이미터 블록 왼쪽의 컬러 바^{color bar} 색상을 변경할 수도 있다. 이렇게 하면 이미터를 색상으로 구분할 수 있다.

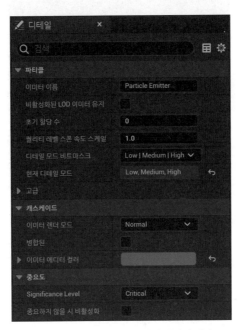

그림 1.10 캐스케이드 에디터의 디테일 패널

각 이미터마다 모듈(이미터의 컴포넌트)을 추가해 파티클 동작을 수정할 수 있다. 예를 들어 모듈은 파티클의 속도, 방향, 색상과 기타 프로퍼티에 영향을 줄 수 있다. 모든 이미터에는 필수^{Required} 모듈과 스폰^{Spawn4} 모듈이 있다.

필수 모듈에는 이미터의 필수 프로퍼티가 모두 있다. 이 필수 프로퍼티에는 파티클에

---

3   property를 '속성'으로 번역하기도 하지만, 언리얼 엔진의 UI에서는 '프로퍼티'로 표시하고 있으므로 이 책에서도 이 표현을 따랐다. – 옮긴이

4   스폰은 게임에서 몬스터나 아이템 등이 자연적으로 생성되는 것을 의미한다. – 옮긴이

적용되는 머티리얼, 이미터 원점의 위치, 이미터에 적용되는 회전, 화면을 기준으로 한 파티클의 정렬 등이 포함된다. 대다수의 프로퍼티 내용은 추후 나이아가라를 다룰 때 배울 것이다.

스폰 모듈에는 파티클이 스폰되는 방식에 영향을 미치는 프로퍼티가 포함돼 있다. 이 모듈에서 **스폰**Spawn과 **버스트**Burst 카테고리는 파티클이 스폰되는 속도를 결정한다.

그림 1.11 디테일 패널의 스폰 모듈 프로퍼티

원하는 효과가 있다면 필수 모듈과 스폰 모듈 다음에 필요한 모듈을 얼마든지 추가할 수 있다. 모듈 추가는 이미터 열에서 마우스 오른쪽 버튼을 클릭하면 된다.

이러한 모듈은 기능에 따라 다음과 같은 카테고리로 분류할 수 있다. 이름에서 각 카테고리의 모듈 기능을 확연히 알 수 있다.[5]

5　몇몇 어색한 우리말 표현과 Orientation처럼 번역되지 않은 용어가 보이지만, 실습 시 빠른 확인을 위해 실제 메뉴에 표시되는 대로 기재했다. 참고로, 메뉴의 **편집 ➤ 에디터 개인설정... ➤ 지역 & 언어 ➤ 에디터 언어**에서 원하는 언어로 변경할 수 있다. – 옮긴이

- 가속^{Acceleration} 모듈

- 어트랙터^{Attractor} 모듈

- 빔^{Beam} 모듈

- 카메라^{Camera} 모듈

- 콜리전^{Collision} 모듈

- 컬러^{Color} 모듈

- 이벤트^{Event} 모듈

- 킬^{Kill} 모듈

- 수명^{Lifetime} 모듈

- 파티클 라이트^{Particle light}

- 위치^{Location} 모듈

- 궤도^{Orbit} 모듈

- Orientation 모듈

- 파라미터^{Parameter} 모듈

- 회전^{Rotation} 모듈

- 회전 속도^{Rotation Rate} 모듈

- 크기^{Size} 모듈

- 스폰^{Spawn} 모듈

- 서브 UV^{SubUV} 모듈

- 벡터 필드^{Vector Field} 모듈

- 속도^{Velocity} 모듈

나이아가라를 더 배우게 되면, 캐스케이드 모듈에 대응하는 나이아가라 모듈을 찾아 캐스케이드에서 생성된 모든 이펙트를 재현할 수 있을 것이다.

앞서 언급한 모듈 외에도 발생하는 파티클 타입을 결정하는 타입 데이터^{TypeData} 모듈이 있다. 여기에는 빔 데이터^{Beam Data}, GPU 스프라이트^{GPU Sprites}, 메시 데이터^{Mesh Data}, 리본 데이터^{Ribbon Data}와 같은 타입이 포함된다. 각 모듈이 발생하는 파티클 타입은 이름을 보면 알 수 있다. 마찬가지로, 나이아가라에도 나이아가라 이미터가 발생하는 파티클 타입을 결정하는 고유한 방법이 있다.

마지막으로, **커브 에디터**가 있다. 이것은 이전에 표준 언리얼 커브 에디터 인터페이스였다. 이 인터페이스는 이후 언리얼 엔진의 다른 영역(나이아가라 포함)에서는 변경됐지만, 캐스케이드에서는 어느 정도 유지하고 있는 상태다. **커브 에디터**를 사용하면 파티클(또는 이미터)의 수명 동안 변경되는 모든 모듈에 지정된 값을 수정할 수 있다. **커브 에디터**에서 프로퍼티를 편집하려면, **디테일** 패널에서 해당 프로퍼티를 **분포 플로트 상수 커브**^{Distribution Float Constant Curve}로 설정해야 한다.

커브 에디터에 모듈 프로퍼티를 추가하려면 해당 모듈의 오른쪽에 있는 녹색 상자를 클릭한다.

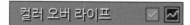

그림 1.12 프로퍼티의 가장 오른쪽에 있는 녹색 상자를 클릭해 커브 에디터에 추가

커브 에디터에서 커브를 제거하려면 해당 프로퍼티를 마우스 오른쪽 버튼으로 클릭하고 **커브 제거**^{Remove Curve}를 클릭한다.

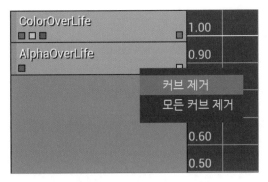

그림 1.13 커브 에디터에서 커브 제거

커브 에디터에는 커브에 점을 추가/편집하는 툴이 있으며, **커브 에디터** 상단의 툴바에서 사용할 수 있다.

그림 1.14 다른 애니메이션 앱과 유사한 툴이 있는 커브 에디터 툴바

이 툴바는 캐스케이드 파티클 시스템의 인터페이스를 간략히 요약한 것이다. 캐스케이드에서 사용되는 많은 개념과 툴은 나이아가라를 배울 때 자세히 살펴본다.

⠿ 나이아가라 개발 배경

사용자 기반이 확장됨에 따라 좀 더 강력하고 모든 산업에 적용 가능한 파티클 시스템의 필요성이 대두됐다. 언리얼의 사용은 이제 게임을 넘어 건축 시각화, 자동차 및 산업디자인, 버추얼 프로덕션, 교육 시뮬레이션까지 확장됐다. 이로 인해 정확하고 효율적이며 사용하기 쉬운 파티클 워크플로에 대한 요구가 증가했다. 최신 워크플로에서는 아티스트가 복잡한 툴셋toolset을 다루지 않고도 쉽게 파티클 시스템에서 작업할 수 있어야 했고, 기술 팀에서는 사용자 친화적이지 않더라도 솔루션을 만들어내는 툴을 사용할 수 있어야 했다. 더욱이, 파티클 시스템은 언리얼 앱의 메인 코드와 더 완전히 통합돼야 했다.

이러한 상황 때문에 캐스케이드 파티클 시스템의 단점이 더욱 부각되기 시작했다.

나이아가라는 다음과 같은 목표를 갖고 개발됐다.

- 아티스트가 쉽게 사용하고 제어할 수 있어야 한다.

- 모든 면에서 사용자 정의와 프로그래밍이 가능해야 한다.

- 디버깅, 시각화, 성능과 같은 작업이 가능하도록 향상된 툴셋이 있어야 한다.

- 언리얼 엔진의 다른 부분과 원활하게 연동될 수 있어야 한다.

캐스케이드의 가장 큰 문제점은 파티클 시스템에 추가 기능이나 사용자 정의 동작을 추가하기가 매우 어렵다는 것이었다. 아티스트가 새로운 기능을 추가하려면 프로그래머에게 크게 의존해야 했다. 반면 나이아가라는 아티스트가 추가 기능을 직접 개발할 수 있도록 더 많은 제어가 가능해졌다.

나이아가라는 모든 면에서 사용자 정의가 가능하다. 하지만 캐스케이드는 이러한 유연성을 제공하지 않는다. 나이아가라에서는 파티클에 작용하는 힘의 파라미터를 모두 조정하고 외부 파라미터에 연결할 수 있다. 예를 들어, 사용자는 사인파를 사용해 시간이 지남에 따라 오브젝트에 작용하는 중력을 분석하고 변경할 수 있다. 이 개방형 아키텍처는 나이아가라로 만들 수 있는 이펙트의 종류에 제한을 두지 않는다.

캐스케이드는 CPU 리소스를 매우 비효율적으로 사용했다. CPU와 GPU 시뮬레이션은 매우 다르게 작동한다. 나이아가라는 GPU와 CPU 시뮬레이션을 모두 처리하고, 둘 사이에 일관성을 유지하는 데 최적화돼 있다. 또한 나이아가라에는 시뮬레이션을 디버깅하는 두 가지 훌륭한 도구도 있다. 나이아가라 에디터에서는 디버그 드로잉^{Debug Drawing} 툴을 사용해 파티클 시스템의 시각적 표현을 볼 수 있으며, 게임 레벨에서는 헤드업 디스플레이^{HUD, Heads-Up Display}에 특정 파티클 시스템의 자세한 정보를 표시하는 나이아가라 디버거^{Niagara Debugger}를 사용할 수 있다. 이 디버깅 도구는 파티클 시스템의 성능과 문제를 쉽게 파악하는 데 도움이 된다.

나이아가라는 언리얼 엔진의 다른 부분과 매우 잘 작동한다. 예를 들어, 게임 오브젝트의 속도 데이터를 나이아가라 파티클 시스템과 매우 쉽게 공유해 스프라이트 크기, 파티클의 밝기 또는 파티클에 작용하는 중력의 양과 같은 파티클 시스템의 다양한 파라미터를 제어할 수 있다. 그 덕분에 게임 디자이너가 짧은 시간에 미세 조정된 게임 메카닉[6]을 매우 쉽게 만들 수 있다. 또한 외부 소스에서 데이터를 읽을 수도 있다.

캐스케이드에는 몇 가지 장점이 있다. 모듈 스태킹module-stacking 워크플로는 파티클 시스템의 개요를 한눈에 파악할 수 있는 좋은 방법이었고, 캐스케이드는 테크니컬 아티스트TA, Technical Artist가 아니더라도 접근하기 매우 쉬웠다. 그러나 언리얼의 노드 그래프 패러다임은 매우 강력하며 나이아가라가 제공하기로 한 차세대 기능을 채택해야 했다. 그래서 나이아가라는 두 패러다임의 장점을 결합해 스택과 그래프가 모두 포함된 하이브리드 방법을 선택했다.

그림 1.15는 모듈이 서로 쌓여 있는 나이아가라의 스택 패러다임을 보여준다. 기본 파티클 동작을 디자인할 때는 스택 기반 워크플로가 간단하면서 적합하다.

---

6 '메카닉(mechanics)'은 게임의 작동 방식을 정의하는 규칙으로서 '역학'이라고도 한다. – 옮긴이

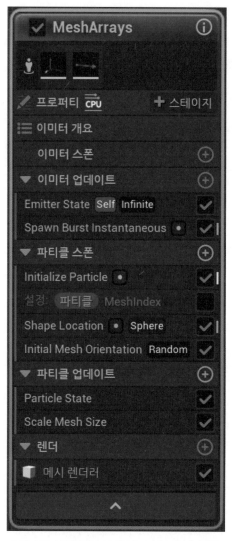

그림 1.15 나이아가라 이미터 노드의 스택 패러다임

스택 패러다임은 간단하지만, 유연성과 기능에 다소 한계가 있다. 따라서 유연성과 성능의 향상이 필요하다면, 그림 1.16과 같이 노드 기반 접근 방식을 사용하자. 나이아가라는 노드 기반 워크플로를 채택해 나이아가라 모듈을 디자인한다.

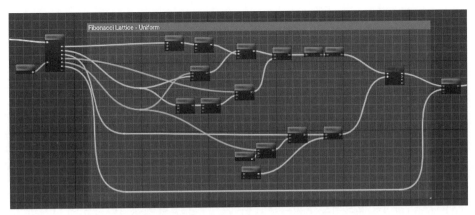

그림 1.16 나이아가라 모듈 내부의 그래프 패러다임

나중에 배우겠지만, 나이아가라는 모듈식 접근법을 채택하고 생산 병목 현상을 제거하기 때문에 팀에서 파티클 시스템을 병렬로 개발하기 쉽게 만든다.

이러한 이유로 나이아가라는 기존의 캐스케이드 파티클 시스템을 대체하고 개선해서 언리얼 엔진 5가 사용되는 다양한 분야에 파티클 이펙트를 제공하는 계기가 됐다.

⁑ 나이아가라의 사용 사례

테크니컬 아티스트는 차세대 FX 시스템인 나이아가라로 파티클 시스템에 사용자 정의 기능을 추가할 수 있으며, 입문자와 숙련자 모두 접근이 가능하다. 입문자는 다양한 템플릿을 시작점으로 활용할 수 있고, 숙련자는 사용자 정의 모듈을 추가해 복잡한 이펙트를 만들 수 있다.

나이아가라는 캐스케이드가 생성할 수 있는 이펙트뿐만 아니라 그 이상의 기능도 제공한다. 따라서 불, 연기, 비, 눈과 같은 표준 파티클 이펙트를 놀라울 만큼 쉽게 설정할 수 있다.

나이아가라 파티클을 사용하면 표준 파티클 이펙트 이상의 것을 만들 수 있다. 나이아가라에 대한 지식이 더 쌓이면, 나이아가라의 성능이 확장되는 흥미롭고 강력한 기능을 발견하게 될 것이다.

일부 고급 기능에는 삼각형 메시 읽기, 물리 볼륨 추적, 씬^{scene} 깊이 및 쿼리 디스턴스 필드 읽기 등 3D 환경과의 상호작용이 포함된다.

이러한 기능을 사용하면 게임 환경에 반응하는 새 떼나 거미 떼를 만들 수 있다. 예를 들어, 박쥐 떼는 바위와 충돌하지 않고 폐쇄된 동굴 환경을 통과할 수 있다. 나이아가라로 만들어진 거미 떼는 바닥을 기어다니고 장애물을 넘어 플레이어의 존재에 반응할 수 있다. 파티클은 애니메이션된 메시로 표현돼 이러한 시뮬레이션에서 더 현실적인 렌더링을 할 수 있다.

또한 나이아가라는 오브젝트가 파티클로 분해된 다음 그 파티클이 다시 모여 다른 모양의 오브젝트를 형성하는 파티클 기반 전환을 사용함으로써 메시 모핑과 같은 복잡한 이펙트도 생성할 수 있다. 이때, 오브젝트는 정적 또는 스켈레탈 메시^{Skeletal Mesh}**7**일 수 있으며, 게임 디자이너가 게임에 흥미로운 이벤트를 포함하는 데 도움이 될 수 있다.

앞서 언급한 모든 이펙트에서 가장 중요한 사실은 이러한 이펙트를 만드는 데 프로그래머가 필요하지 않다는 것이다. 언리얼 아티스트는 어떠한 프로그래밍 지식 없이도 이러한 이펙트를 직접 만들 수 있다.

나이아가라는 언리얼의 다른 부분에서 파티클 시스템과 데이터가 매우 쉽게 공유된다. 덕분에 나이아가라 시스템을 포함하는 블루프린트^{Blueprint}를 구축할 수 있으며, 입문자라도 노출된 변수로 나이아가라 시스템을 조정해 다양한 이펙트를 만들 수 있다. 예를 들어 눈보라^{SnowStorm} 블루프린트는 눈의 밀도, 눈송이 크기, 난류와 같은 추상화된 값을 **디테일** 패널에 포함할 수 있다. 이러한 값들은 나이아가라 시스템의 적절한 파라미터(Spawn Rate, Sprite Size, Curl Force 등)에 작용해서 눈보라의 다양한 단계를 생성하거나 게임에서 플레이어의 행동에 따라 실시간으로 값을 변경할 수 있다. 이러한 유형의 블루프린트를 사용하면 초급 언리얼 아티스트가 나이아가라에 대한 광범위한 지식 없이도 나이아가라 시스템 프로퍼티를 간접적으로 수정할 수 있다.

나이아가라 시스템은 사운드 파일과 같은 외부 데이터를 읽고, 파티클 시스템이 해당

---

7   스켈레탈 메시는 애니메이션을 적용해 메시를 변형할 수 있도록 스켈레톤(Skeleton)에 바인딩된 메시이며, 스켈레톤은 본(Bone)을 정의하는 데 사용되는 계층 구조다. - 옮긴이

데이터에 반응해 시각 효과를 생성할 수도 있다. 예를 들어, 파티클 시스템이 사운드트랙의 서로 다른 주파수에 반응해 다른 색상의 파티클을 생성할 수 있다. 여기서 설명한 내용을 시각적으로 확인하려면 유튜브[https://www.youtube.com/watch?v=Vg1niqfDuzs]를 참고하자.

언리얼 엔진 5에서 나이아가라는 나이아가라 플루이드NiagaraFluids라는 플러그인으로 실시간 그리드 기반 시뮬레이션을 추가할 수 있다. 이 플러그인은 2D Gas 시뮬레이션, 3D Gas 시뮬레이션, FLIPFluid Implicit Particle, Shallow Water 시뮬레이션의 템플릿을 추가해 입문자도 쉽게 사용할 수 있고 숙련자는 더 세밀하게 조정할 수 있도록 해준다.

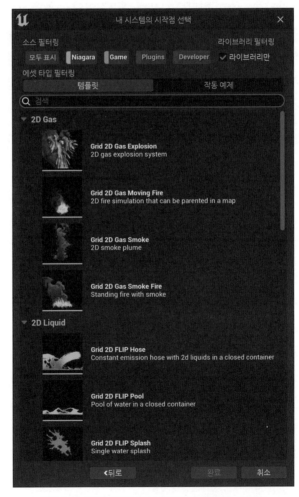

그림 1.17 언리얼 엔진 5의 나이아가라 플루이드 템플릿

플루이드 시뮬레이션이 멋지게 보이지만, 게임을 실행할 수 있는 모든 기기가 실시간 플루이드 시뮬레이션을 지원할 만큼 충분한 리소스가 있는 것은 아니다. 이를 우회하기 위해 언리얼 엔진 5에는 플루이드 시뮬레이션을 플립북flipbook에 굽는 베이커Baker 모듈이 포함돼 있다. 이러한 플립북은 스프라이트 기반 파티클 시스템과 함께 사용할 수 있고, 매우 효율적이며, 느린 기기에서도 실행할 수 있다. 또한 이 때문에 성능 저하 없이 충분히 부수적인 효과도 만들 수 있다.

언리얼 엔진 5의 나이아가라에도 Collision 모듈에 GPU 레이 트레이싱 옵션이 있다. 전통적으로 GPU 파티클은 깊이 버퍼를 사용해 대략적인 충돌을 추정했다. 하지만 깊이 버퍼를 사용한 충돌은 그다지 정확하지 않다. 깊이 버퍼를 사용할 때 GPU 파티클 시스템이 오브젝트에 가려지면, 언리얼 엔진이 파티클 시스템을 컬링culling 8해 사라지게 되므로 이상해 보일 수 있다. 이때 새로운 하드웨어 기반의 레이 트레이싱된 충돌을 사용하면, 충돌이 정확해 GPU 파티클이 사라지지 않을 것이다.

2장에서는 처음부터 언리얼 레벨을 구축하고 방금 설명한 몇 가지 사용 사례를 살펴본다.

요약

이 장에서는 이전의 캐스케이드 파티클 시스템을 간략히 소개했다. 캐스케이드 파티클 시스템은 레거시 시스템이지만, 캐스케이드에 익숙해지면 캐스케이드가 사용된 예전 프로젝트를 작업하는 데 도움이 된다. 또한 캐스케이드 파티클은 많은 회사에서 진행하고 있는 프로젝트에 널리 사용되고 있으며, 언리얼 엔진 마켓플레이스에는 캐스케이드 기반의 파티클 시스템들이 많이 있다. 현재 또는 향후 프로젝트에 통합해야 할 수도 있으므로 이 부분은 앞으로 개발할 만한 가치가 있다. 이어서, 캐스케이드가 여전히 작동하고 있음에도 새로운 나이아가라 시스템의 디자인 패러다임이 대두돼 나이아가라가 개발된 배경이 됐다는 점도 다뤘다. 마지막으로는 앞으로 등장할 나이아가라 버전에서

---

8   **뷰포트** 내에 보이지 않는 오브젝트를 제거해 렌더링 성능을 최적화하는 기법이다. – 옮긴이

예상되는 새로운 기능을 살펴봤다. 다음 장에서는 몇 가지 기본 파티클 개념을 자세히 살펴보면서 심화 학습에 필요한 기초를 닦아보자.

02

파티클 시스템의 개념 이해하기

파티클 시스템은 컴퓨터 그래픽스에서 불, 연기, 비, 폭발 등과 같은 다양한 현상을 시뮬레이션하는 데 사용되는 기술이다. 게임 엔진에서 파티클 시스템은 씬에 현실감과 시각적 흥미를 더한다. 파티클 시스템의 세 가지 주요 기능은 이미션emission, 시뮬레이션simulation, 렌더링rendering이다.

이미션은 특정 위치나 오브젝트에서 파티클을 발생시키는 과정이다. 이 과정은 방출률, 속도, 방향과 같은 프로퍼티로 제어된다. 이미션은 충돌이나 사용자 입력과 같은 이벤트에 의해서도 트리거될 수 있다.

시뮬레이션에서는 시간의 흐름에 따른 파티클의 움직임과 동작을 보여준다. 여기에는 사실적인 움직임 패턴을 만드는 데 필요한 중력, 바람, 난류와 같은 프로퍼티가 포함될 수 있다. 또한 파티클은 충돌과 사용자 정의 동작과 같은 다른 힘의 영향을 받을 수도 있다.

렌더링은 화면에 파티클을 표시하는 과정이다. 렌더링은 스프라이트sprite나 3D 모델을 사용해 수행할 수 있으며, 빌보드 렌더링billboard rendering과 알파 블렌딩alpha blending 같은 기술도 있어 사실적인 이펙트를 생성할 수 있다.

이 장에서는 렌더링이 나이아가라에 어떻게 적용되는지 살펴본다. 또한 벡터 수학의 몇 가지 개념을 배운 후, 이후 장들에서 파티클 시스템에 적용해본다. 마지막으로, 시중에서 판매되는 다른 파티클 시스템 툴을 알아볼 것이다.

2장에서는 다음 내용을 다룬다.

- 주요 파티클 개념 살펴보기
- 벡터 수학과 행렬 및 나이아가라에 적용
- 파티클 시스템 툴의 이해

기술적인 요구 사항

이 책에서 작업한 프로젝트는 깃허브(https://github.com/PacktPublishing/Build-Stunning-Real-time-VFX-with-Unreal-Engine-5)에서 확인할 수 있다.

주요 파티클 개념 살펴보기

이 장에서는 파티클 시스템의 주요 기능적 개념과 그 개념이 언리얼 파티클 시스템에서 어떻게 구현되는지 살펴볼 것이다. 모든 파티클 시스템에는 반드시 다음과 같은 기능이 일부 변형돼 내장돼 있다.

- 이미션
- 시뮬레이션
- 렌더링

이러한 각 기능에는 사용자가 파티클 시스템의 동작을 조정할 수 있도록 노출되는 몇 가지 변수가 있다. 대부분의 소프트웨어에는 사용자 정의 기능이 제한된 단일 요소에 이 기능이 내장돼 있다. 그러나 언리얼에서는 이 기능이 서로 쌓인 모듈로 구성돼 있다. 이러한 모듈에는 노출된 변수가 있어서 이 변수로 파티클 시스템의 동작에 모듈이 미치는 영향을 조정할 수 있다. 이 모듈은 크게 이미션, 시뮬레이션, 렌더링이라는 세 가지 광범위한 기능 그룹으로 나눌 수 있다.

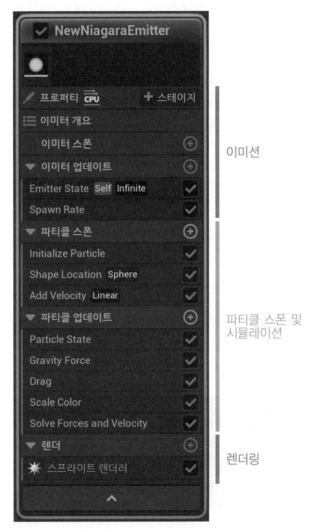

그림 2.1 세 가지 기능으로 그룹화된 나이아가라 이미터 노드

그럼 이러한 기능을 살펴보자.

기능

이제 이미션, 시뮬레이션, 렌더링의 개별 기능을 더 자세히 살펴보자.

이미션

파티클 시스템에서 이 부분은 이미터의 스폰과 이미터가 존재하는 동안의 동작을 처리
한다. 나이아가라에서 이미터와 시스템은 독립적인 개체로 존재하며, 이미터가 항상 파
티클 시스템의 일부일 필요는 없다. 이미터는 모든 파티클 시스템에서 참조로 호출될
수 있다. 이 구조는 이미터와 시스템을 독립적으로 작업할 수 있도록 해서 워크플로를
모듈화하고 확장 가능하게 만든다.

파티클 시스템에서는 여러 개의 이미터를 호출해 필요한 이펙트를 생성할 수 있다. 예
를 들어, 불 시스템에서는 화염용 이미터, 불씨용 이미터, 연기용 이미터가 있을 수 있
다. 이 세 가지 이미터가 불 시스템에서 함께 작동해 불의 전체적인 이펙트를 만든다. 또
한 이벤트 핸들러를 사용하면 이미터가 파티클 시스템에서 다른 이미터의 동작에 영향
을 받을 수 있으므로, 사용자가 이벤트 기반 이펙트를 생성할 수 있다.

이미터는 파티클을 발생시키는 방식을 결정한다. 예를 들어 점 공간, 볼륨, 지오메트리
표면 또는 애니메이션된 스켈레탈 메시의 표면에서 파티클이 발생될 수 있다. 나이아가
라에서 이미터 섹션은 다음과 같이 표시된다.

그림 2.2 그룹화된 이미션 관련 기능

시뮬레이션

여기서 파티클 시스템 동작의 대부분이 결정된다. 파티클이 발생되면, 시뮬레이션 모듈이 작동해 파티클 시스템 내에서 움직임, 크기나 색상의 변경, 스프라이트의 애니메이션 등을 결정한다. 각 모듈은 파티클 시스템 동작의 특정한 측면에 영향을 미친다. 이러한 모듈은 수학 공식, 랜덤 값, 캐시에 저장된 데이터를 사용해 파티클의 동작에 영향을 미친다. 모듈은 일반적으로 쌓여 있는데, 이 쌓이는 순서가 파티클 동작의 최종 결과에 영향을 미친다. 시뮬레이션 모듈에서는 효율성이 중요하며, GPU 가속과 같은 다양한 방법을 사용해 파티클 시스템이 다수의 시뮬레이션된 파티클을 처리할 수 있다. 다음은 나이아가라 이미터 노드에서 일반적인 시뮬레이션 섹션의 모습이다.

그림 2.3 파티클 업데이트 아래에 그룹화된 시뮬레이션 관련 기능

렌더링

시뮬레이션 계산은 모두 시뮬레이션을 처리하는 모듈로 수행되지만, 파티클 시스템에서 렌더링되지 않으면 파티클이 표시되지 않는다. 파티클은 렌더링 모듈이 처리한다. 렌더링 모듈이 시뮬레이션 모듈과 독립적이므로, 시뮬레이션된 파티클을 스프라이트, 메시 또는 리본과 같은 다양한 형태로 렌더링할 수 있다. 동일한 시뮬레이션은 선택한 렌더링 모듈에 따라 다른 이미지를 생성할 수 있다. 예를 들어 렌더링 모듈은 해당 유형에 따라 시뮬레이션된 파티클 세트를 2차원 스프라이트, 3차원 지오메트리 메시 또는 리본으로 렌더링할 수 있다. 이때 시뮬레이션은 동일하게 유지되며, 렌더링 모듈만 변경된다. 또한 동일한 파티클 시뮬레이션에서 여러 개의 렌더링 모듈을 동시에 사용하도록 선택할 수도 있다. 나이아가라에서 렌더링 섹션은 다음과 같이 표시된다.

그림 2.4 그룹화된 렌더링 관련 기능

나이아가라에서는 여기서 다룬 세 가지 기능 그룹이 스테이지stage로 나타난다. 이러한 스테이지는 업데이트나 스폰으로 끝나는 이름을 갖는다. 예를 들면, **파티클 업데이트** 또는 **파티클 스폰**과 같은 이름을 갖게 된다. 또한 **이벤트**나 **시뮬레이션**과 같은 고급 스테이지도 있는데, 다른 장에서 다시 살펴본다.

이번에는 모듈 그룹을 알아보자.

모듈 그룹

언리얼은 모듈식 접근 방식을 취하는데, 파티클 시스템이 몇 가지 필수 프로퍼티를 지닌 간단한 개체로 시작한다. 이러한 프로퍼티와 파티클 시스템에 기능을 추가할 때 필요한 추가 프로퍼티는 모듈로 제공된다. 사용자는 필요에 따라 파티클 시스템에서 이러한 모듈을 추가하거나 제거해 원하는 동작의 이펙트를 얻을 수 있다. 각 모듈은 파티클 동작의 특정 측면에 영향을 미친다. 어떤 모듈은 파티클의 수명 동안 파티클의 색상을 변경할 수 있다. 예를 들면, 생성 시 노란색에서 소멸 시 빨간색으로 전환될 수 있다. 다른 모듈은 파티클 시스템에 바람이나 중력과 같은 힘을 시뮬레이션한다. 사용자는 필요한 모듈만 추가하기 때문에 파티클 시스템은 간결하고 효율적이다.

파티클 시뮬레이션 데이터는 나이아가라 모듈 스택의 위에서 아래로 실행된다. 이러한 모듈은 그룹에 할당될 수 있으며, 모듈 그룹은 모듈이 실행될 위치를 결정한다. 예를 들어 파티클 그룹의 모듈은 이미터가 아닌 파티클에서만 실행된다. 또한 모듈 그룹은 모듈이 어떤 데이터에 영향을 미치는지 결정하는 네임스페이스와 연관돼 있다.

다음과 같이 세 가지 모듈 그룹이 있다.

- 시스템

- 이미터

- 파티클

나이아가라에는 많은 네임스페이스가 있으며, 그중 **시스템**, **이미터**, **파티클**, **엔진**, **사용자**가 주요한 네임스페이스로 꼽힌다.

네임스페이스는 입문자에게 다소 혼동스러울 수 있으므로, 좀 더 명확히 이해할 수 있도록 네임스페이스를 유사한 이름의 변수를 판별하는 데 도움을 주는 한정자로 생각하자.

예를 들어, 시스템 **LoopCount**와 이미터 **LoopCount**는 **시스템**과 **이미터**라는 별도의 네임스페이스에 속해 있기 때문에 서로 다르다.

그림 2.5 유사한 이름의 파라미터를 작동 방식에 따라 구별하는 데 도움이 되는 언리얼의 네임스페이스

네임스페이스는 데이터를 읽거나 쓸 수 있는 위치를 제한한다. 예를 들어 **엔진** 네임스페이스 파라미터는 언리얼 엔진 자체에서 직접 가져오는 읽기 전용 값이다. **엔진** 네임스페이스 파라미터를 사용하면 **DeltaTime**이나 소유한 액터의 **Position**과 **Velocity** 설정과 같은 정보에 액세스할 수 있으며, 이러한 프로퍼티는 게임 엔진에서 처리된다. **사용자** 네임스페이스 파라미터도 존재하는데, 사용자가 임의로 생성해 사용할 수 있다.

그림 2.6의 예시는 임의의 사용 사례로 생성된 **PacktProperty**라는 파라미터로, 시스템의 다른 곳에서 정의된다.

그림 2.6 사용자 네임스페이스에 생성된 사용자 정의 프로퍼티인 PacktProperty[1]

다음 장에서는 이러한 개념의 나이아가라 구현을 더 자세히 다룰 것이다. 이 장에서는 파티클 시스템에서 사용되는 개념을 폭넓게 제시하고, 이러한 개념이 어떻게 나이아가라 워크플로로 변환되는지 살펴본다.

파티클 작업을 할 때 숙지해야 하는 가장 중요한 수학적 개념 중 하나는 벡터와 행렬의 개념이다. 이 책에서 행렬 변환은 사용하지 않지만, 벡터는 자주 사용한다. 나이아가라를 시작하기 전에 벡터 수학과 행렬을 다시 한 번 살펴보자. 준비 없이 나이아가라에 뛰어들면 곤란해질 수 있다.

⁙ 벡터 수학과 행렬 및 나이아가라에 적용

벡터 수학과 행렬은 고등학교 수학에서 지루한 학습 영역 중 하나로, 일상생활에서 어떻게 활용될지 몰라 완전히 건너뛰었을 수도 있다. 하지만 벡터 수학과 행렬은 게임은

---

1   UI상에는 사용자 **PacktProperty**라고 표시되지만, 실제로는 User.PacktProperty이다. 자세한 내용은 7장에서 다룬다.
    – 옮긴이

물론, 특히 파티클 시스템의 모든 곳에 사용된다. 그럼 벡터 수학부터 시작해 개념을 복습하는 시간을 가져보자.

벡터란 무엇인가?

벡터의 표준 정의에서 사용되는 크기와 속도 같은 복잡한 내용은 무시하고 기본 요소만 살펴보자.

2차원 공간에서 벡터는 x와 y 값만 보유한다. 예를 들어 벡터 a = (3, 4)에서 3은 x이고 4는 y이다.

이러한 표현은 오브젝트의 위치나 방향을 정의하는 데 사용할 수 있다. 또한 벡터의 크기를 알아내 오브젝트의 속도를 구할 수 있다. 위치를 정의할 때 벡터가 어떻게 사용되는지 살펴본 후, 방향을 정의할 때 역시 벡터가 어떻게 사용되는지 알아보자.

위치(좌표)로서의 벡터

위치로서의 벡터를 살펴보자.

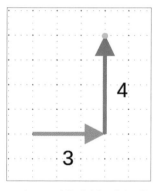

그림 2.7 2차원 벡터 (3, 4)의 표현

그림 2.7에서 벡터 a는 2D 공간에서 x 방향으로 3 단위, y 방향으로 4 단위만큼 이동한 위치를 나타낸다. 3D 공간에서는 다음과 같이 Vector3d를 사용해 점의 위치를 정의할 수 있다.

Vector3d a = (3, 4, 5)

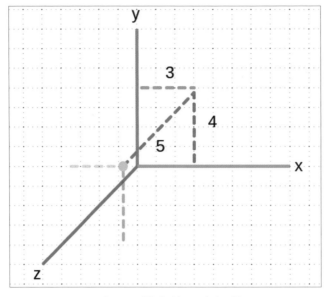

그림 2.8 3차원 벡터 (3, 4, 5)의 표현

그림 2.8에서는 부가적으로 z 축을 추가했다. 이 축은 xy 평면에서 점의 높이를 결정해 3D 공간상의 점을 정의한다.

이번에는 동일한 벡터가 방향을 정의할 때 어떻게 해석될 수 있는지 살펴보자.

방향으로서의 벡터

벡터 a = (3, 5)에서 벡터를 구성 요소로 분해하면 벡터의 방향과 크기를 알 수 있다. 다음과 같은 방법을 사용해보자.

1. x 방향(선분 AB로 표시)으로 3 단위만큼 이동한다.

2. 그다음, 점 B에서 y 방향(선분 BC로 표시)으로 5 단위만큼 이동한다.

3. 이제 선분 AC를 그릴 수 있으며, 이 선분의 방향이 벡터의 방향을 나타낸다.

여기서 벡터의 길이는 벡터의 크기를 나타낸다.

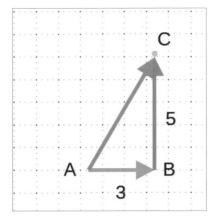

그림 2.9 값이 (3, 5)인 벡터의 방향을 표시하는 선분 AC

벡터를 사용해 방향을 결정하는 이 방법은 3D 벡터를 사용해 3차원 공간으로 확장할 수 있다.

나이아가라에서는 2D 벡터를 Vector 2D라 하고 3D 벡터는 그냥 Vector라고 한다. 3D 벡터가 가장 일반적으로 사용되기 때문이다. 또한 4D 벡터인 Vector 4도 존재한다. 나이아가라에서 Vector 4는 일반적으로 색상을 정의하는 데 사용되며, 벡터의 처음 세 값은 RGB 색상 값이고 네 번째 값은 알파 채널(투명도) 값을 나타낸다. 2D 벡터는 UV 좌표와 같은 2D 데이터를 정의하는 데 사용된다.

다음 그림은 나이아가라에서 벡터가 정의될 때 어떤 모습인지를 보여준다.

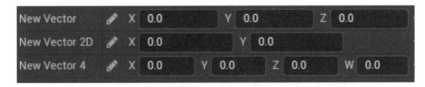

그림 2.10 나이아가라에서 표현된 3D, 2D, 4D 벡터

이제 벡터를 이해했으므로, 벡터 연산을 살펴보자. 벡터 연산은 여러 벡터로 작업하는 데 도움이 된다. 예를 들어, 오브젝트에 두 벡터가 작용하면 이 두 벡터를 더해 합성 벡터를 구할 수 있다.

벡터 연산

파티클 시스템에서 파티클의 움직임은 여러 벡터의 힘이 모인 결과다. 파티클에 작용하는 합력의 계산은 모듈에서 수행된다. 또한 다양한 벡터 연산을 사용해 이러한 합력을 계산한다.

파티클에 작용하는 합성 벡터 힘은 덧셈, 뺄셈, 곱셈과 같은 벡터 연산을 사용해 계산할 수 있다. 이러한 벡터 연산이 어떻게 작동하는지 이해한 다음, 나이아가라에서 어떻게 구현되는지 살펴보자.

덧셈

두 벡터 a = (3, 4)와 b = (5, 2)를 더하는 것이 무엇을 의미하는지 알아보자.

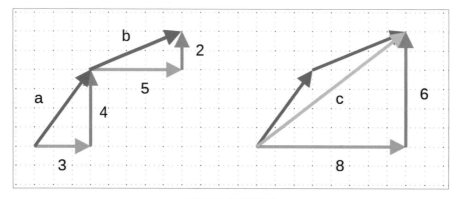

그림 2.11 벡터의 덧셈

그림 2.11을 살펴보자. 벡터 a와 b를 각각 x와 y 성분으로 나눈 후 x 성분들과 y 성분들을 더한다.

벡터 a와 b의 합이 새로운 벡터 c라고 가정하면, 다음과 같이 풀이할 수 있다.

$c = a+b$

$c = (3, 4) + (5, 2)$

$c = (3+5, 4+2)$

$c = (8, 6)$

계산해보면, 합성 벡터 *c* = *(8, 6)*을 확인할 수 있는데, 그림 2.11에 표시된 벡터 **c**와 일치한다. 즉, 벡터 **c**가 **a**와 **b** 두 벡터의 합성 벡터다.

뺄셈

벡터를 빼는 것도 가능하다.

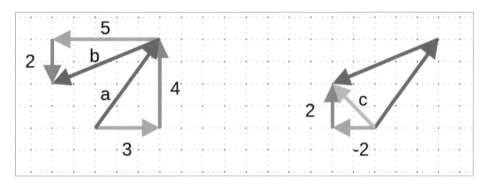

그림 2.12 벡터의 뺄셈

벡터 **a**에서 벡터 **b**를 뺀다. 합성 벡터 **c**는 다음과 같이 표시할 수 있다.

$c = a - b$

$c = a + -b$

$c = (3, 4) + -(5, 2)$

$c = (3-5, 4-2)$

$c = (-2, 2)$

벡터의 덧셈과 마찬가지로, 이때도 합성 벡터 *c* = *(-2, 2)*가 그림 2.12의 벡터 **c**와 일치함을 알 수 있다.

지금까지 벡터 연산을 설명하면서 이해하기 쉽게 2D 벡터를 다뤘지만, 나이아가라에서는 일반적으로 게임에서 3D 공간을 다루므로 3D 벡터를 사용하게 될 것이다.

크기와 단위벡터

벡터의 길이가 벡터의 크기와 같다는 점은 알고 있을 것이다.

때로는 계산을 쉽게 할 수 있도록 특정 벡터의 크기를 1로 간주한다. 이러한 벡터를 단위벡터라고 한다. 단위벡터는 방향을 전달하는 데 도움이 되기에 방향벡터라고도 한다. 단위벡터의 크기는 항상 1이므로 중요하지 않다.

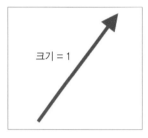

그림 2.13 단위벡터

단위벡터에 스칼라를 곱하면 벡터의 원래 방향으로 벡터의 크기를 증가시킬 수 있다.

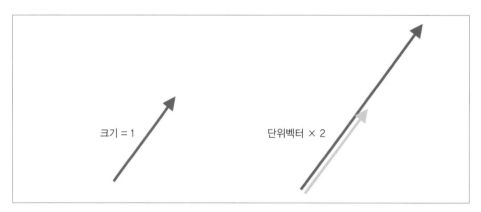

그림 2.14 스칼라 값 2를 곱한 단위벡터

이제 벡터 연산의 개념과 수학적 표현을 이해했으므로, 이러한 연산이 나이아가라에서 어떻게 표현되는지 살펴보자.

나이아가라의 벡터 연산 표현

이러한 벡터 연산은 나이아가라에서 많이 사용된다. 다행히도 이러한 연산은 노드를 사용해 처리되므로, 실제로 직접 계산할 필요가 없다. 다음은 나이아가라에서 덧셈, 뺄셈, 곱셈에 사용되는 일부 노드의 예다.

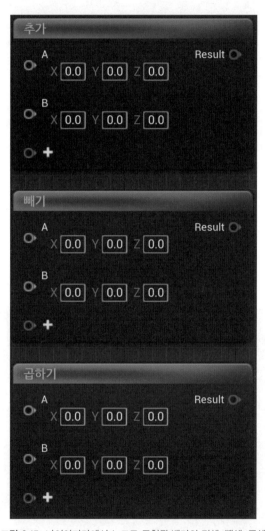

그림 2.15 나이아가라에서 노드로 구현된 벡터의 덧셈, 뺄셈, 곱셈

단위벡터를 곱하는 방법과 유사하게, 정수에 크기 값(즉, 실수 또는 정수 값)을 곱할 수도 있다.

그림 2.16 나이아가라 노드에서 표시된 벡터와 스칼라의 곱셈(결과가 벡터임에 유의)

나이아가라에서 이러한 노드를 찾을 수 없거나 어디서 찾는지 궁금하다면, 원래 형태는 다음 그림과 같으며 입력 및 출력 핀은 적절한 데이터 타입으로 변환돼야 한다. 이때, 숫자 데이터 타입의 핀을 마우스 오른쪽 버튼으로 클릭해 변환하면 된다.

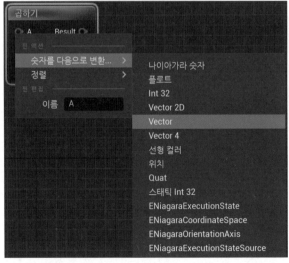

그림 2.17 나이아가라의 숫자 데이터 타입 핀을 벡터 핀으로 변환

숫자를 다음으로 변환... 옵션을 탐색하고 Vector 2D, Vector 4와 기타 데이터 타입으로 변환할 때 파란색 나이아가라 숫자 핀이 있는 노드가 어떻게 변경되는지 확인하자.

행렬 연산

나이아가라에서는 벡터 연산 외에 행렬도 많이 사용한다. 일부 중요한 행렬 연산은 다음과 같다. 기존 방향벡터나 위치벡터의 방향 또는 위치를 변경하려면, 행렬 변환 연산이 필요하다. 이와 관련된 수학적 개념이 다소 복잡할 수 있지만, 파티클 시스템에 어떤 영향을 미치는지만 알면 별 어려움은 없을 것이다.

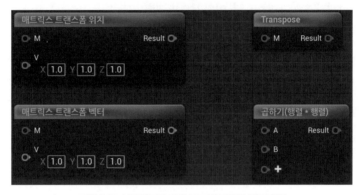

그림 2.18 나이아가라에서 노드로 표현된 행렬 연산

행렬 전치^{matrix transpose} 연산은 행렬을 대각선으로 뒤집는다. 이 연산은 파티클 프로퍼티를 수정하는 데 필요하다.

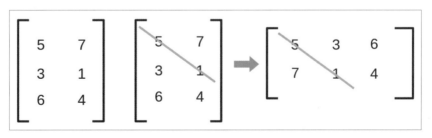

그림 2.19 행렬 전치 연산

그림 2.19의 연산에서 행렬이 대각선으로 뒤바뀐 것을 볼 수 있다.

이러한 기본 벡터, 행렬 연산과 나이아가라 관련 내용을 잘 익혔다면, 나이아가라에 적용할 준비가 된 것이다.

다음 절에서는 업계에서 일반적으로 사용하는 툴 중에 독립적으로 사용되거나 다른 소프트웨어의 일부로 사용되는 기존 파티클 시스템 툴을 몇 가지 살펴본다.

파티클 시스템 툴의 이해

파티클 이펙트를 생성할 때는 다양한 툴과 상용 솔루션이 사용된다. 모든 툴을 알 필요는 없지만, 실시간 FX 아티스트로 일하게 되면 몇 가지 툴은 반드시 접할 수밖에 없다. 대부분의 스튜디오에서는 자체 개발한 툴이나 여기서 다루게 될 툴 중 하나로 일부 시뮬레이션을 실행할 수도 있다. 또한 이러한 툴 중에서 벡터 필드와 같은 데이터를 받아 나이아가라 시스템에 포함시키거나, 생성된 이펙트의 레퍼런스를 받아 나이아가라에서 재생성해야 할 수도 있다.

이러한 많은 툴이 꽤 오랫동안 사용돼 왔으며, FX 팀에서 사용하는 워크플로와 용어에 영향을 미쳤다. 나이아가라는 이러한 개념을 기반으로 구축됐다.

다음은 가장 널리 사용되는 파티클 시스템 툴 중 일부다.

애프터번

시트니 사티^{Sitni Sati}에서 개발한 애프터번^{Afterburn}은 볼류메트릭^{volumetric} 파티클 이펙트 플러그인이다. 애프터번은 비주얼 이펙트에서 사용돼 구름, 연기, 폭발 등 다양한 이펙트를 만든다. 그러나 품FX^{FumeFX}라고 하는 시트니 사티의 다른 유체 역학^{fluid dynamics} 플러그인으로 대부분 대체됐다. 대부분의 최신 유체 시뮬레이션 플러그인과 마찬가지로, 품FX는 즉각적인 뷰포트 피드백을 제공한다. 품FX는 3ds 맥스^{3ds Max}, 마야^{Maya}, 시네마4D^{Cinema 4D}를 지원하고 애프터버너^{Afterburner}는 3ds 맥스를 지원한다.

리얼플로우

리얼플로우^{RealFlow}는 3ds 맥스, 마야, 시네마 4D의 플러그인이면서 독립 실행형 프로그램이다. 리얼플로우는 파티클 기반 유체 및 역학 시뮬레이션 툴로, 유체, 유체 상호작용 및 다양한 현상(탄성, 미세 파티클 흐름, 점성 유체 등)을 시뮬레이션하는 데 사용된다. 넥스트 리밋 테크놀로지스$^{Next\ Limit\ Technologies}$에서 개발한 이 툴은 비주얼 이펙트 산업에서 사용되는 주요 시뮬레이션 소프트웨어 중 하나다.

트랩코드 파티큘러

트랩코드 파티큘러$^{Trapcode\ Particular}$는 맥슨^{Maxon}의 레드자이언트$^{Red\ Giant}$ 제품군의 일부인 애프터 이펙트$^{After\ Effects}$에서 매우 인기 있는 플러그인이다. 여기에 나열된 다른 파티클 솔루션과 마찬가지로, 트랩코드도 파티클 이미터를 사용해 연기, 불, 구름과 같은 다양한 파티클 이펙트를 생성한다. 또한 트랩코드 파티큘러는 물리 및 유체 시뮬레이션을 수행하는 기능뿐만 아니라 무리 지어 집단 행동을 만드는 솔루션도 있다. 이러한 기능은 모션 그래픽 디자인에서도 많이 사용된다.

파티클 일루전

파티클 일루전$^{Particle\ Illusion}$은 보리스 FX$^{Boris\ FX}$에서 개발한 또 다른 뛰어난 독립 실행형 파티클 시뮬레이션 앱이다. 이 애플리케이션은 모션 그래픽과 타이틀에서 더 많이 사용되며, 사용이 매우 용이한 비트 리액터$^{Beat\ Reactor}$라는 기능 덕분에 파티클 이펙트가 있는 오디오 시각화에 널리 사용된다.

n파티클

n파티클^{nParticle}은 꽤 오랫동안 마야에 존재했다. 마야 뉴클러스$^{Maya\ Nucleus}$ 동적 시뮬레이션 프레임워크를 사용하며 불, 연기, 액체와 메시 이펙트를 만드는 데 사용된다. 또한 n파티클은 n클로스^{nCloth}와 n헤어^{nHair} 같은 마야의 다른 시스템과 원활하게 작동한다.

팝콘FX

팝콘FX^{PopcornFX}는 매우 인기 있는 실시간 파티클 FX 솔루션이다. 팝콘FX는 언리얼 엔진을 포함한 여러 게임 엔진을 지원하며, 〈포르자 호라이즌 5〉, 〈에이지 오브 엠파이어 3〉, 〈워크래프트 3〉와 같은 많은 주요 게임에서 사용됐다. 팝콘FX는 팝콘FX 에디터가 함께 제공돼 게임 엔진에서 파티클과 관련된 에셋의 생성과 관리를 지원한다. 팝콘FX 워크플로는 여러 면에서 기본 나이아가라 워크플로와 유사하며, 타임라인과 커브 에디터 같은 유사한 내부 에디터가 있다. 따라서 팝콘FX를 사용한 적이 있다면 나이아가라에 빠르게 적응할 수 있으며, 그 반대의 경우도 마찬가지다.

후디니

SideFX 소프트웨어^{SideFX software}에서 개발한 후디니^{Houdini}에는 동적 파티클 이펙트를 생성하는 파티클 연산자^{POP, Particle Operator}라는 것이 있다. 후디니는 복잡한 파티클 시스템과 시뮬레이션을 만드는 툴을 갖췄으며, 후디니 엔진은 언리얼 엔진이 연동되므로 언리얼 엔진에서도 후디니를 사용할 수 있다. 또한 후디니 엔진을 사용해 파티클 시스템뿐만 아니라 후디니의 절차적 에셋-빌딩 워크플로^{procedural asset-building workflow}의 모든 기능까지 언리얼 엔진에서 액세스할 수 있다. 후디니 툴셋은 언리얼 엔진 5가 출시되고 〈매트릭스 어웨이큰스^{Matrix Awakens}〉 데모에서 광범위하게 사용됐다.

결국에는 실시간 FX 아티스트로 일하면서 다양한 파티클 시스템 툴을 접하게 될 것이다. 각 툴마다 고유한 기능이 있으며, 진행 중인 작업에 적합한 툴을 선택하려면 각 툴의 장단점을 반드시 파악해둬야 한다. 또한 이러한 툴 중에서 데이터를 받아 나이아가라 시스템에 포함시키거나, 생성된 이펙트를 나이아가라에서 재생성해야 할 수도 있다. 이러한 툴과 작동 방식을 이해하면 좀 더 효과적이고 효율적으로 작업하는 실시간 FX 아티스트가 될 수 있을 것이다.

이것으로 2장을 모두 마쳤다.

⁑ 요약

이 장에서는 나이아가라 모듈을 분류해 그룹별로 알아봤다. 자주 사용할 기능인 네임스페이스를 배웠고, 고등학교 수학 시간에 배웠던 벡터와 행렬을 복습했다. 또한 업계에서 사용되는 다른 파티클 시스템 툴도 배웠다. 이제 다음 장으로 넘어가서 나이아가라 아키텍처를 자세히 다룰 것이다.

03

나이아가라 개념 및 아키텍처 탐색하기

언리얼 엔진의 나이아가라는 실시간 비주얼 이펙트를 생성하는 만능 시스템이다. 하이브리드 스택과 노드 패러다임을 갖춘 나이아가라는 파티클, 벡터 필드, 사용자 정의 로직을 만들고 조작할 수 있게 직관적인 모듈식 워크플로를 제공한다. 엔진의 다른 부분에 변수를 노출하는 기능이 있어 나이아가라 이펙트와 프로젝트를 쉽게 통합할 수 있고, 스택 그룹은 단일 프로젝트 내에서 여러 이펙트를 구성하고 관리해준다. 간단한 파티클 시스템을 만들든, 복잡한 유체 시뮬레이션을 만들든 상관없이 나이아가라의 강력한 기능과 유연성은 비주얼 이펙트 아티스트와 게임 개발자 모두에게 최고의 선택이다.

3장에서는 다음 내용을 다룬다.

- 나이아가라 아키텍처

기술적인 요구 사항

이 책에서 작업한 프로젝트는 깃허브(https://github.com/PacktPublishing/Build-Stunning-Real-time-VFX-with-Unreal-Engine-5)에서 확인할 수 있다.

나이아가라 아키텍처

1장에서 봤듯이, 언리얼을 사용하는 다양한 업계의 요구 사항이 증가하면서 캐스케이드 파티클 시스템은 한계가 드러나기 시작했다. 나이아가라는 강력하고 사용하기 쉬운 동시에 이러한 요구 사항을 충족하도록 만들어졌다.

나이아가라는 디자인 아키텍처에 다음 기능을 통합해 관리한다.

- 모든 데이터는 사용자에게 노출된다. 나이아가라는 언리얼 엔진의 모든 부분과 다른 애플리케이션에서 데이터를 사용할 수 있다. 그 덕분에 사용자는 파티클 시스템과 게임의 다른 측면 간에 흥미로운 관계를 만들 수 있다.

- 모든 데이터를 노출하는 것은 사용자에게 부담이 될 수 있다. 사용자가 데이터 작업을 쉽게 할 수 있도록 데이터가 계층적으로 분류된다. 이 데이터의 분류는 네임스페이스를 사용해 이뤄진다.

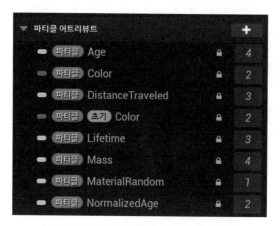

그림 3.1 파티클 네임스페이스가 지닌 파라미터들

예를 들어 그림 3.1에서 **파티클** 네임스페이스는 모든 파티클 어트리뷰트를 갖고 있지만, 그림 3.2의 **이미터** 네임스페이스는 모든 이미터 어트리뷰트를 갖고 있다. **Age** 파라미터는 **파티클 어트리뷰트**와 **이미터 어트리뷰트**에서 같은 이름으로 지정되지만, 서로 다른 네임스페이스에 속해 있기 때문에 이름으로 인한 충돌은 발생하지 않는다. 따라서 네임스페이스를 사용하면 유사한 이름의 어트리뷰트를 정확히 분류할 수 있다.

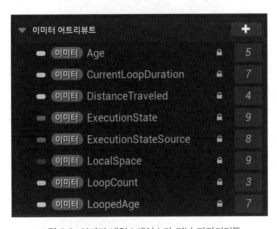

그림 3.2 이미터 네임스페이스가 지닌 파라미터들

- 파라미터는 실수^{float}, 정수^{integer}, 선형 컬러$^{linear\ color}$, 부울^{Boolean} 등과 같은 다양한 데이터 타입이 될 수 있다. 데이터 타입은 파라미터 이름 옆에 알약 모양의 아이콘 색상으로 표시된다. 표준화된 알약 아이콘 색상은 언리얼 엔진 전체에서 사용된다. 예를 들어, 진한 빨간색은 부울 데이터를 나타내고 연한 녹색은 실수 데이터를 나타낸다. 또한 파라미터는 나이아가라에서 액세스하거나 작성해 파티클 시스템의 동작을 제어할 수 있다. 나이아가라는 스택 패러다임의 편의성과 그래프 패러다임의 성능이 결합해 하이브리드 워크플로를 만든다. 즉, 사용자에게 스택 패러다임과 그래프 패러다임의 두 가지 장점을 모두 제공한다. 스택 패러다임은 시스템의 요소를 서로 쌓아 올리는 방식으로 구성되며, 작업 흐름은 스택의 맨 위에서 아래로 진행된다. 그래프 패러다임은 노드가 연결돼 그래프를 형성하는 형태이며, 데이터의 흐름은 그래프의 연결선을 따라 진행된다. 그래프 패러다임은 사용자 정

의를 복잡하게 설정할 수 있어 기능이 더 강력한 반면, 스택 패러다임은 데이터가 한 방향으로만 진행되기 때문에 구조가 덜 복잡하다.

나이아가라의 이미터와 시스템 노드는 그림 3.3과 같이 스택 패러다임을 사용한다.

그림 3.3 나이아가라 노드는 모듈이 스택으로 배열된 스택 패러다임을 사용한다.

그림 3.4와 같이 나이아가라 모듈의 워크플로에서는 그래프 기반 패러다임을 사용한다.

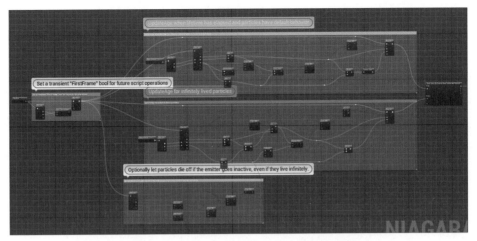

그림 3.4 나이아가라 모듈은 그래프 패러다임으로 개발된 스크립트로 구성된다.

이어서 하이브리드 구조를 자세히 살펴볼 것이다.

나이아가라의 계층적 하이브리드 구조

언리얼에서 하이브리드 계층 구조가 어떻게 에셋으로 표현되고 이러한 에셋 간의 관계는 어떠한지 알아보자.

하이브리드 워크플로는 다음과 같이 3개의 중요한 컴포넌트로 구성된다.

- 모듈

- 이미터

- 시스템

그림 3.5는 이러한 컴포넌트가 콘텐츠 브라우저에서 어떻게 에셋으로 표현되는지를 보여준다.

그림 3.5 콘텐츠 브라우저의 이미터, 모듈, 시스템 에셋

그림 3.6은 이러한 컴포넌트의 계층 구조를 도식화한 것으로, 서로 간의 관계를 보여준다. 모듈 에셋은 계층 구조의 맨 아래에 있고 시스템 에셋은 맨 위에 있다. 각 모듈은 이미터의 일부이며, 이미터는 결국 파티클 시스템의 일부다.

그림 3.6 모듈, 이미터, 시스템의 계층 구조

이제 세 가지 컴포넌트를 자세히 살펴보자.

- **모듈**: 계층 구조의 맨 아래에 있다. 고급 셰이더 언어HLSL, High-Level Shader Language 코드를 기반으로 시각적 노드 그래프를 사용해 모듈을 생성한다. HLSL은 이 책에서 다루지 않는 부분이지만 C와 유사한 고급 셰이더 언어이며, 프로그래밍 가능한 셰이더와 함께 사용한다.

  이 그래프 패러다임은 매우 강력하므로, 모듈이 언리얼 엔진의 다른 부분과 상호작용하며 복잡한 동작을 만들 수 있다. 이러한 모듈은 계층 구조의 다음 단계인 이미터에 쌓일 수 있다.

- **이미터:** 이미터는 스택 패러다임을 사용하며 모듈 스택이 포함돼 있다. 모듈의 노출된 파라미터는 선택된 모듈의 프로퍼티를 보여주며, 나이아가라 에디터에서 표시되는 선택^{Selection} 패널에서 수정할 수 있다. 모듈을 쌓은 순서도 중요한데, 순서가 바뀌면 다른 효과가 나타날 수 있으니 주의하자. 또한 이미터에는 타임라인이 내장돼 있어 시간에 따른 동작을 제어하는 데 도움이 된다.

- **시스템:** 시스템도 스택 패러다임을 사용하며, 계층 구조에서 이미터보다 한 단계 위에 있다. 시스템에는 하나 이상의 이미터가 포함될 수 있다. 이미터와 마찬가지로, 시스템에는 내장된 타임라인도 있으며 모듈의 노출된 파라미터도 수정할 수 있다. 시스템은 모든 이미터나 모듈 파라미터를 재정의할 수 있다.

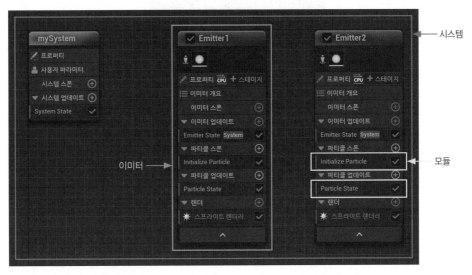

그림 3.7 나이아가라 에디터에 표시된 모듈, 이미터, 시스템

그림 3.7은 나이아가라 에디터에 표시된 계층 구조의 요소를 보여준다.

스택 그룹

방금 살펴봤듯이 모듈은 이미터에 쌓이게 된다. 시뮬레이션은 스택의 맨 위에서 아래로 진행된다. 각 모듈은 쉽게 구성될 수 있도록 그룹에 할당돼 모듈이 어디서 실행되는지를 결정할 때 도움을 준다. 그림 3.8에서 **Initialize Particle** 모듈은 **Shape Location** 및 **Add Velocity** 모듈과 함께 **파티클 스폰** 그룹에 할당됐다. 즉, 이러한 모듈은 파티클이 스폰되는 순간에만 작동한다는 것을 확실히 알 수 있다. 반면에 **Gravity Force** 모듈은 **파티클 업데이트** 그룹 아래에 있어 파티클의 수명 동안 계속 작동한다.

그림 3.8 이미터 노드의 스택 그룹(파티클 스폰, 파티클 업데이트, 렌더)

나이아가라에서 파티클 시스템을 개발하면서, 계층 구조와 스택 그룹이 워크플로 형성에 어떻게 도움이 되는지 살펴볼 것이다. 다음 장에서는 이미터, 시스템 그리고 마지막으로 모듈을 만들어 제대로 된 나이아가라 파티클 이펙트를 개발해본다. 이 책을 진행하면서 책 전체에서 정기적으로 사용할 이러한 컴포넌트에 매우 익숙해질 것이다.

⠿ 요약

이 장에서는 나이아가라 아키텍처의 다양한 기능을 배웠다. 나이아가라에서 사용되는 네임스페이스, 스택 및 그래프 패러다임, 다양한 스택 그룹과 나이아가라 컴포넌트의 계층 구조를 배웠다.

나이아가라 프레임워크가 제공하는 다양한 유형의 모듈, 이미터, 시스템 컴포넌트를 이해하면, 나이아가라 시스템을 더 잘 설계하고 구성할 수 있다.

모듈, 이미터, 시스템은 나이아가라 시스템의 구성 요소이며, 사용 가능한 다양한 모듈의 타입을 이해하고 나면 수행할 작업에 필요한 적절한 컴포넌트를 선택할 수 있다.

04

첫 번째 나이아가라 시스템 구축하기

이번 장에서는 나이아가라를 본격적으로 다뤄볼 것이다. 먼저 나이아가라 에디터 UI를 둘러보고 나이아가라에서 제공하는 다양한 기능을 탐색해보자. 이어서 나이아가라 이미터를 자세히 살펴보고 이미터 생성 방법의 가장 기초적인 내용부터 다룰 것이다. 그다음으로는 나이아가라 시스템을 생성하고 레벨과 블루프린트 액터에 추가하는 방법을 알아본다. 이 장을 마치고 나면, 나이아가라 시스템을 생성하는 방법을 기초부터 탄탄히 다지게 될 것이다.

4장에서는 다음 내용을 다룬다.

- 나이아가라 에디터 UI 탐색

- 나이아가라 이미터

- 이미터 생성

- 나이아가라 시스템 생성

- 레벨에 나이아가라 시스템 추가

- 블루프린트 액터에 나이아가라 시스템 추가

⁞▸ 기술적인 요구 사항

언리얼 엔진 5.1 이상이 필요하며 설치 과정은 1장에서 설명했다.

이 책에서 작업한 프로젝트는 깃허브(https://github.com/PacktPublishing/Build-Stunning-Real-time-VFX-with-Unreal-Engine-5)에서 확인할 수 있다.

⁞▸ 나이아가라 에디터 UI 탐색

나이아가라를 배우려면 언리얼 엔진 5에 익숙해야 하며, 포토샵Photoshop이나 어피니티 포토Affinity Photo 같은 3D 소프트웨어와 이미지 편집 소프트웨어를 기본적으로 중급 수준까지 다룰 줄 알아야 한다.

이 장에서는 나이아가라의 UI를 익힌 다음, 나이아가라 시스템을 처음으로 만들어볼 것이다.

나이아가라는 플러그인으로 구축돼 있으며 기본적으로 활성화돼 있다. 그러나 나이아가라 시스템 옵션이 보이지 않으면, **편집**Edit ➤ **플러그인**Plugins을 클릭해 그림 4.1과 같이 플러그인 패널에 **Niagara** 플러그인이 체크돼 있는지 확인하자. 또한 스크린샷에 있는 **NiagaraFluids** 플러그인을 체크하면 환상적인 실시간 유체 기능을 나이아가라에 추가할 수 있다.

NOTE

> **NiagaraFluids** 플러그인은 아직 베타 모드이므로 제품 개발 시 주의해야 한다.

그림 4.1 나이아가라 플러그인 활성화

언리얼 엔진 5에서 나이아가라 에셋을 생성하는 방법이 변경됐다. 언리얼 엔진 4 이하에서는 콘텐츠 브라우저에서 마우스 오른쪽 버튼을 클릭한 다음, **FX ➤ 나이아가라 시스템** Niagara System 을 선택해 나이아가라 시스템을 생성했었다. 하지만 언리얼 엔진 5에는 콘텐츠 브라우저에서 마우스 오른쪽 버튼을 클릭한 다음 **나이아가라 시스템**을 선택할 수 있는 간단한 방법도 있다. 언리얼 엔진 5에서 **파티클 시스템** 옵션은 **나이아가라 시스템**으로 대체됐다.

그림 4.2 콘텐츠 브라우저에서 새 나이아가라 시스템 생성하기

이렇게 마우스 우 클릭 메뉴로 나이아가라 시스템을 직접 생성할 수도 있지만, 지금은 모듈식 기능의 이해를 돕고자 다른 방식으로 나이아가라 시스템을 만들어볼 것이다.

나이아가라의 이미터가 제공하는 모듈식 기능을 최대한 활용하려면, 먼저 나이아가라 이미터를 생성한 후 생성된 나이아가라 이미터를 나이아가라 시스템에 추가해야 한다.

우선 나이아가라 이미터부터 생성해보자.

1. 나이아가라 이미터를 생성하려면 콘텐츠 브라우저에서 마우스 오른쪽 버튼을 클릭하고 **FX**를 선택한다.

2. 그림 4.3에서 볼 수 있듯이 여기에는 여러 옵션이 있는데, 그중 **나이아가라 이미터** Niagara Emitter 옵션을 선택할 수 있다.

그림 4.3 나이아가라 이미터 생성

3. **나이아가라 이미터**를 클릭하면 이미터 마법사가 열린다.

4. **새 이미터**^{New emitter} 옵션을 선택하면 기존 템플릿에서 새 이미터를 생성한다.

5. **다음**^{Next} 버튼을 클릭해 다음 화면으로 이동한다.

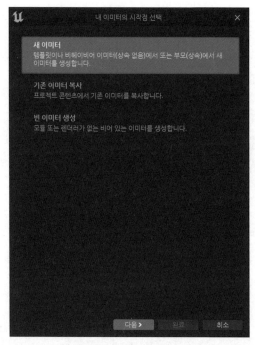

그림 4.4 이미터 마법사

6. 다음 화면에 템플릿 목록이 표시되면, **Fountain** 템플릿을 선택한다. **Fountain** 템플릿으로 파티클 시스템을 생성하면 간단한 분수 스프레이를 만들 수 있다. 템플릿 선택 후에는 **완료**Finish 버튼을 누른다.

이제 마법사가 완료되고 콘텐츠 브라우저에 나이아가라 이미터 에셋이 생성됐을 것이다. 이미터의 이름은 원하는 대로 바꿀 수 있다. 여기서는 이미터의 이름을 NewNiagara Emitter로 유지할 것이다.

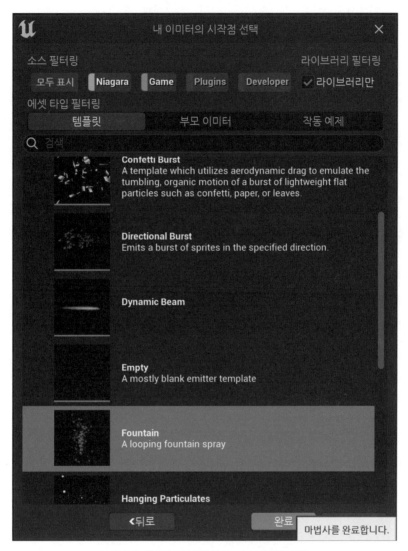

그림 4.5 이미터 마법사에서 Fountain 템플릿 선택

나이아가라 이미터의 아이콘 하단에는 밝은 주황색 줄이 있다.

그림 4.6 나이아가라 이미터 에셋 아이콘

첫 번째 나이아가라 에셋인 나이아가라 이미터를 생성했다. 하지만 계속해서 이미터를 더 자세히 익히고 다루려면, 우선 나이아가라 에디터의 UI부터 익숙해지는 것이 좋다. 따라서 에디터의 사용 방법을 먼저 살펴본 다음, 다시 이미터로 돌아와 이미터 사용자 정의를 다룰 것이다.

나이아가라 에디터

필요한 에디터를 열려면 언리얼의 모든 에셋 타입과 마찬가지로, 콘텐츠 브라우저에서 에셋을 더블 클릭하면 된다. 그러면 그림 4.7과 같이 해당 이미터의 나이아가라 에디터가 열린다.

에디터의 다양한 부분을 살펴보자.

나이아가라 에디터에는 10개의 주요 영역이 있다.

- 툴바^{Toolbar}

- **프리뷰**^{Preview} 패널

- **파라미터**^{Parameters} 패널

- **시스템 개요**^{System Overview} 패널

- **로컬 모듈**^{Local Modules} 패널

- **선택**^{Selection} 패널

- **타임라인**^{Timeline} 패널

- **커브**^{Curves} 패널

- **사용자 파라미터**^{User Parameters} 패널

- **나이아가라 로그**^{Niagara Log} 패널

이 책 초반에는 주로 툴바, **프리뷰** 패널, **시스템 개요** 패널, **선택** 패널, **타임라인** 패널로 작업하고, 이후 고급 주제로 넘어가면서 다른 패널도 사용할 것이다.

그럼 몇 가지 주요 패널을 자세히 살펴보자.

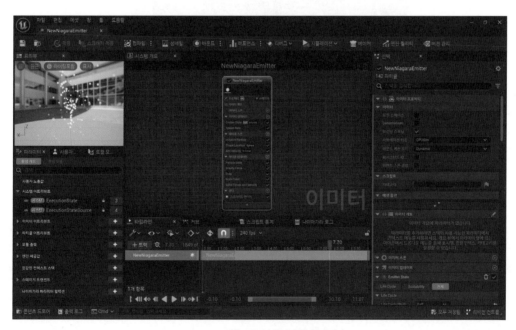

그림 4.7 나이아가라 에디터

프리뷰 패널

프리뷰 패널에는 작업 중인 이미터의 미리 보기가 표시된다. 이러한 미리 보기 기능 덕분에 **시스템 개요** 패널의 **개요** 노드에서 다양한 수정 사항이 있을 때 즉각적인 피드백을 받을 수 있다. **프리뷰** 패널 왼쪽 상단의 햄버거 메뉴를 클릭하면 **실시간** 옵션을 토글해 실시간 미리 보기를 활성화할 수 있다. **실시간** 옵션은 대체로 켜두는 것이 좋다. 실시간 옵션이 꺼져 있다면, 꺼진 상태를 알리는 표시가 **뷰포트** 상단에 추가된다.

궤도 모드^{Orbit Mode}에서는 마우스 왼쪽 버튼을 사용해 미리 보기 상태인 이미지의 주위를 회전해볼 수 있고, **궤도 모드**를 끄면 씬을 둘러볼 수 있다. 카메라를 이리저리 움직이면 파티클 이미터를 제자리로 되돌리기 어려우므로 **궤도 모드**를 끄지 않는 것이 좋다.

그림 4.8 프리뷰 패널

확대나 축소를 할 때는 마우스 오른쪽 버튼을, 이동을 할 때는 마우스 가운데 버튼을 사용하면 된다. 단, 이동을 할 때 시스템에서 벗어날 수도 있다. 또한 마우스 휠을 사용해도 확대 및 축소가 가능하다. 시스템에서 벗어났거나 파티클 시스템에서 너무 가깝거나 멀게 확대/축소됐다면, **F** 키를 눌러 모든 파티클을 표시할 수 있다. 메뉴에 있는 나머지 옵션은 워크플로에 별다른 도움이 되지 않으니 그대로 두자.

표시Show 메뉴에는 문제를 진단하고 이미터를 효율적으로 유지하는 데 도움을 주는 옵션이 있다. 이러한 옵션에는 **인스트럭션 카운트**InstructionCounts, **파티클 수**ParticleCounts, **이미터 실행 순서**Emitter Execution Order 등이 있다.

그림 4.9 프리뷰 패널의 표시 메뉴

파라미터 패널

파라미터 패널에는 사용 가능한 파라미터의 이름, 타입, 상태, 이미터에서 호출된 횟수가 함께 표시된다. 사용자 정의 파라미터를 이미터에 추가하려면, + 기호를 클릭하고 추가할 적절한 파라미터 타입을 선택하면 된다. **파라미터** 패널은 고급 단계의 예제를 몇 개 다루면서 다시 살펴볼 것이다.

그림 4.10 파라미터 패널

시스템 개요 패널

시스템 개요 패널에는 해당 이미터의 **개요** 노드가 표시된다. 마우스 오른쪽 버튼으로 드래그하면 **뷰포트** 주위를 이동할 수 있고, 마우스 휠을 이용하거나 **Alt** 키를 누른 채 마우스 오른쪽 버튼으로 드래그하면 확대 및 축소가 가능하다. 이 탐색 기능은 **개요** 노드가 하나뿐인 이미터에서 작업할 때 별 도움이 안 되지만, 여러 **개요** 노드를 갖는 나이아가라 시스템에서 작업할 때는 유용하게 사용된다.

그림 4.11 개요 노드

개요 노드는 이미터의 프로퍼티와 동작을 정의하는 모듈 스택으로, 이 **개요** 노드에서 모듈을 추가, 삭제, 비활성화할 수 있다. 스택에 새 모듈을 추가하려면, 스택 그룹 레이블 오른쪽에 있는 + 기호를 누른다. 그럼 라이브러리에서 기본적으로 사용 가능한 모듈이 모두 나열된 패널이 열린다. 사용자 정의 모듈을 만드는 방법은 이 책의 뒷부분에서 살펴볼 것이다. 이 장에서는 이미터에 기존 모듈을 몇 개 추가해 동작을 수정해본다.

언리얼 엔진 5에서는 **개요** 노드를 축소해 간단하게 볼 수 있다. 모듈은 왼쪽 컬러 바에 해당 모듈이 속한 스택 그룹이 표시된다. 예를 들어, **이미터 업데이트**^{Emitter Update} 모듈은 왼쪽에 빨간색의 컬러 바가 있다. **파티클 스폰**^{Particle Spawn}과 **파티클 업데이트**^{Particle Update} 스택 그룹은 왼쪽에 녹색의 컬러 바가 있다. 이에 익숙해지기까지는 아마도 시간이 많이 걸릴 것이다. 또한 언리얼은 **시스템 개요** 패널의 우측 하단에 큰 폰트로 **이미터**^{EMITTER}라는 레이블이 추가된 덕분에, 나이아가라 파티클 시스템의 어느 부분에서 작업이 진행되는지를 혼동하지 않고 제대로 알 수 있다.

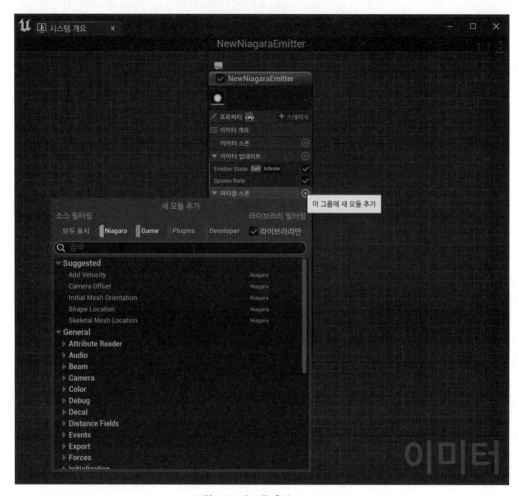

그림 4.12 새 모듈 추가

로컬 모듈 패널

시스템 개요 탭 옆에는 **로컬 모듈**Local Modules 탭이 있다. **로컬 모듈** 탭은 스택에 추가된 사용자 정의 모듈을 생성하고 테스트하는 데 사용된다. 이러한 작업은 다소 고급 과정에 속하므로 이 책의 뒷부분에서 살펴볼 것이다.

그림 4.13 로컬 모듈 패널

선택 패널

드디어 **선택** 패널을 다룰 차례다. 여기서는 **개요** 노드의 세부 정보를 볼 수 있다.

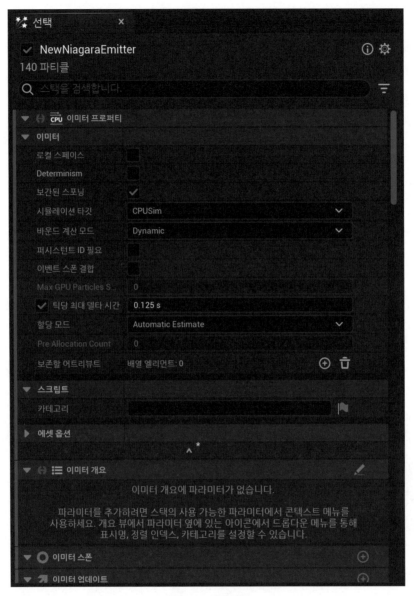

그림 4.14 선택 패널

처음에는 이 패널에 표시된 정보의 양이 부담스러울 수 있다. 하지만 **개요** 노드에서 적절한 부분을 선택하면 관심 있는 정보로 범위를 좁힐 수 있다. 예를 들어 **개요** 노드 레이블을 클릭할 때 노드와 관련된 정보가 모두 표시되는데, 처음에는 다루기에 너무 많다.

이때, **파티클 스폰** 레이블을 클릭하면 **파티클 스폰** 그룹 모듈의 자세한 정보만 표시되므로 그 모듈의 정보에 집중할 수 있다.

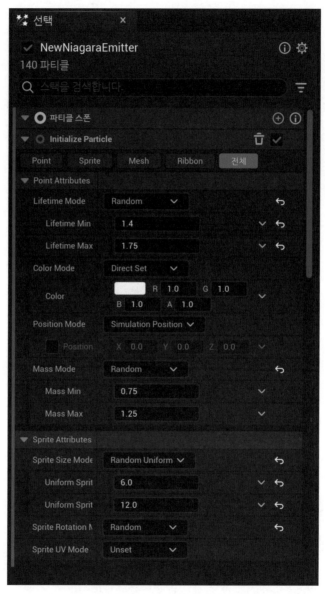

그림 4.15 파티클 스폰 모듈만 표시된 선택 패널

개요 노드에서 특정 모듈(예: Shape Location)을 클릭해 해당 모듈만 볼 수 있도록 범위를 더 좁힐 수 있다. 이렇게 하면 **Shape Location** 모듈과 관련된 정보만 필터링된다.

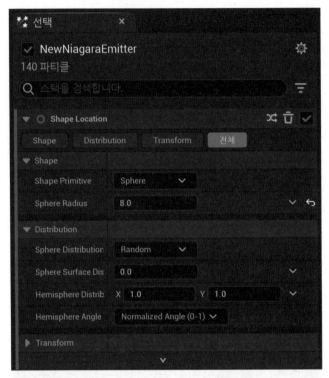

그림 4.16 Shape Location 모듈만 있는 선택 패널

이 워크플로에 익숙해지면, 모듈에서 필요한 파라미터를 빠르고 효율적으로 찾아 수정할 수 있다.

선택 패널에서는 세부 패널 오른쪽에 있는 체크박스를 사용해 모듈을 활성화/비활성화할 수도 있다. 또한 휴지통 아이콘을 클릭해 모듈을 완전히 제거할 수도 있다.

선택 패널은 모듈의 파라미터에 표현식의 동적 입력을 추가하는 곳이기도 한데, 파라미터 오른쪽에 있는 아래쪽 화살표를 클릭하면 된다. 그림 4.17처럼 **Random Range Float**를 선택하면 **Sphere Radius**를 랜덤 값으로 정의할 수 있다.

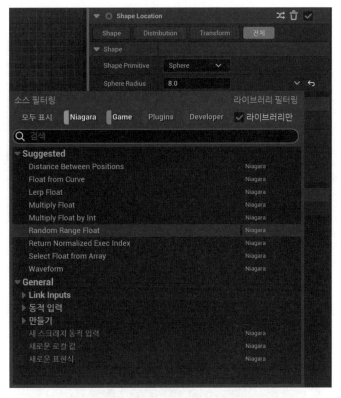

그림 4.17 Sphere Radius 프로퍼티에 동적 입력 추가

지금까지 다양한 패널을 포함한 UI의 여러 특징과 기능을 다뤘고, 인터페이스를 탐색하는 방법도 익혔다.

이제 이미터로 돌아가서 더 자세히 학습해보자.

이미터 생성

나이아가라 에디터의 인터페이스를 이해했으므로, 기존 템플릿에서 단계별로 이미터를 생성하고 프로퍼티를 수정해 그림 4.18을 목표로 이펙트를 비슷하게 만들어보자. 이 이미터는 노란색으로 빛나면서 발생했다가 점차 빨간색으로 바뀌는 줄무늬 형태의 파티클 흐름으로 구성돼 있다. 또한 파티클은 빛이 발산하는 방향으로 늘어나고, 난류의 영향을 받듯 무작위로 이동 경로를 변경한다.

그림 4.18 그림과 같은 이미터 생성하기

먼저 새 이미터를 생성하고 이름을 FireSparks로 지정해보자. 이전 절에서 설명한 대로 이미터를 만든 다음 **Fountain** 템플릿을 선택한다.

그림 4.19와 유사하게 흰색 파티클 분수가 있는 **이미터 개요** 노드가 생성될 것이다.

그림 4.19 FireSparks 이미터 노드

이 이미터를 수정해 목표한 이펙트를 만들어보자.

목표한 이펙트를 만드는 과정

이제 목표한 이펙트를 만들어보자.

먼저 **Shape Location** 모듈을 **Sphere**에서 **Torus**로 변경하자.

그림 4.20a Shape Location 모듈 선택

1. 모듈을 변경하려면, **개요** 노드에서 **Shape Location** 모듈을 한 번 클릭해 선택한다.

2. **선택** 패널에 해당 세부 정보가 표시된다. **Shape Primitive** 프로퍼티의 드롭다운 메뉴에서 **Torus**를 선택한다.

그림 4.20b Torus 옵션 선택[1]

---

1   **선택** 패널 상단의 검색 상자에 특정 프로퍼티를 입력하면, 해당 프로퍼티의 텍스트가 반전 표시돼 빠르게 찾을 수 있다. – 옮긴이

위의 단계를 따르면, **선택** 패널의 프로퍼티가 변경돼 **Torus** 프로퍼티에 액세스할 수 있다(그림 4.20c 참조).

그림 4.20c Shape Location 프로퍼티가 변경된 후의 Torus 관련 프로퍼티

모든 값을 기본값으로 유지하자. 값은 나중에 원하는 대로 자유롭게 변경할 수 있다.

그림 4.21 미리 보기가 변경돼 넓어진 분수의 바닥

이제 분수의 바닥이 그림 4.19에 비해 더 넓어진 것을 볼 수 있다.

분수의 움직임을 랜덤한 방향으로 활성화

이제 **Gravity Force** 모듈을 비활성화하고 **Curl Noise Force** 모듈을 추가한다(그림 4.23 참조). 그러면 파티클이 다소 불규칙한 움직임을 보일 것이다.

Curl Noise Force 모듈을 추가하려면, **파티클 업데이트** 그룹 패널 옆에 있는 녹색 + 아이콘을 클릭한다. **새 모듈 추가**Add new Module 팝업이 나타나면, 해당 팝업에서 그림 4.22와 같이 **Curl Noise Force**를 검색한다.

그림 4.22 Curl Noise Force 모듈 추가

Curl Noise Force 모듈은 그림 4.22와 같이 **개요** 노드에 추가된다.

그림 4.23 개요 노드에 추가된 Curl Noise Force 모듈

Curl Noise Force의 **Noise Strength**를 `10000.0`으로, **Noise Frequency**를 `1.0`으로 설정한다. 이렇게 설정하고 나면, 파티클의 흐름이 왜곡되고 난류가 발생한 느낌이 들 것이다. 하지만 가만 보면 불규칙적이어야 할 난류가 고정된 위치에서 발생하는 것 같고, 파티클도 무작위로 움직이지는 않는 듯하다.

이제 **Pan Noise Field**를 체크하고 **Y** 값을 `0.5`로 설정한다. 그 결과, **Pan Noise Field**가 노이즈 필드를 애니메이션해 0.5의 속도로 Y 방향을 향해 이동한다. 즉, 파티클에 난류의 효과를 적용한 것이다.

그림 4.24 Curl Noise Force 프로퍼티 변경

이제 분수가 랜덤한 방향으로 움직이는 것을 볼 수 있다.

그림 4.25 Curl Noise Force의 영향을 받아 랜덤하게 움직이는 파티클

그러나 파티클이 여전히 원형인 것을 알 수 있다. 파티클이 이동 방향으로 늘어나려면 두 군데를 변경해야 한다.

파티클을 이동 중인 방향으로 늘이기

두 가지 필수 변경 사항 중 하나는 **파티클 스폰** 섹션 아래의 **Initialize Particle** 모듈에 있다. 변경 방법은 다음과 같다.

그림 4.26 파티클 스폰 ➤ Initialize Particle ➤ Sprite Attributes 아래의 Sprite Size Mode 프로퍼티

Initialize Particle 모듈에서 **Sprite Attributes** 섹션으로 이동해 **Sprite Size Mode**를 Random Uniform에서 Random Non-Uniform으로 변경한다.

그러면 그 아래 입력란이 **Uniform Sprite Size Min**과 **Uniform Sprite Size Max**에서

Sprite Size Min과 Sprite Size Max로 변경되며, X 축과 Y 축을 독립적으로 입력할 수 있게 된다.

Sprite Size Min을 X: 5.0, Y: 10.0으로 설정하고 Sprite Size Max를 X: 5.0, Y: 30.0으로 설정한다.

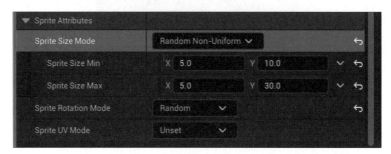

그림 4.27 파티클 스프라이트에 Random Non-Uniform의 크기를 지정

이렇게 하면 스프라이트가 늘어나기는 하지만, 파티클의 속도 방향으로 늘어나지 않고 랜덤한 방향으로 늘어난다.

그림 4.28 프리뷰 창에 표시된 랜덤하게 늘어난 파티클

이제 두 번째 변경 사항을 살펴보자. 파티클의 이동 방향으로 파티클이 늘어나도록 설정하려면, **렌더**[Render] 그룹 아래에 있는 **스프라이트 렌더러**[Sprite Renderer] 모듈을 선택한다.

그림 4.29 스프라이트 렌더러 모듈

선택 패널의 **스프라이트 렌더링**^{Sprite Rendering} 그룹 아래에서 그림 4.30과 같이 **Alignment** 프로퍼티를 **Unaligned**가 아닌 **Velocity Aligned**로 설정한다.

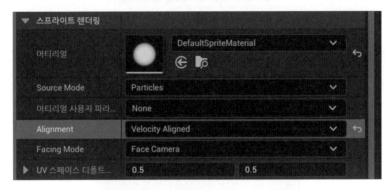

그림 4.30 Alignment를 Velocity Aligned로 변경

이제 **프리뷰** 창에서 파티클이 제대로 늘어난 것을 확인할 수 있다.

그림 4.31 이동 방향대로 늘어난 파티클

파티클 수가 부족하므로, **이미터 업데이트** 그룹 아래에 있는 **Spawn Rate**를 증가시켜 파티클 수를 늘려보자.

그림 4.32 이미터 업데이트 아래의 Spawn Rate 모듈

Spawn Rate를 90에서 2000으로 증가시킨다.

그림 4.33 Spawn Rate를 증가시켜 더 많은 파티클을 보여주는 이미터의 프리뷰

이제 그림 4.33과 같이 파티클이 많이 발생할 것이다.

스프라이트의 색상 변경하기

지금부터는 스프라이트 색상을 변경해본다. 이를 위해 스프라이트를 노란색에서 시작해 빨간색으로 천천히 변하게 할 것이다. 이렇게 색상을 변경하려면 **파티클 업데이트** 그룹 아래에 있는 **Scale Color** 모듈을 수정하면 된다.

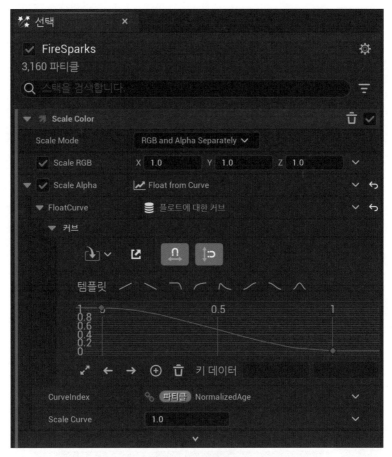

그림 4.34 Fountain 템플릿에 설정된 Scale Color 모듈

요구 사항에 맞게 이 모듈을 수정할 것이다.

Scale Color 모듈은 Float from Curve 동적 입력으로 커브[Curve]에 연결된 Scale Alpha를 사용하며, NormalizedAge[2]에 따라 파티클의 알파[투명도]를 수정한다. NormalizedAge는 파티클의 나이를 0과 1 사이로 조정해 구한다. 동적 입력은 6장에서 살펴볼 것이다.

먼저 Scale Color 모듈에서 Scale Mode를 RGB and Alpha Separately에서 RGBA Linear

---

2 NormalizedAge는 파티클의 수명을 0~1의 값으로 정규화한 것으로, 0은 파티클의 생성을 나타내고 1은 파티클의 소멸을 나타낸다. – 옮긴이

Color Curve로 변경한다.

그림 4.35 Scale Mode를 RGBA Linear Color Curve로 변경

변경하고 나면, 그림 4.36과 같이 그라데이션 띠가 나타나 색상과 알파 값을 수정할 수 있게 레이아웃이 바뀐다. 그라데이션 띠의 윗부분에는 색상 정지점이 있어 더블 클릭하면 편집이 가능하다.

그림 4.36 Linear Color Curve에 있는 색상/알파 그라데이션과 화살표로 표시된 색상 정지점

색상 정지점을 클릭하면 색상을 설정할 수 있는 색 선택 툴^{Color Picker}이 열린다.

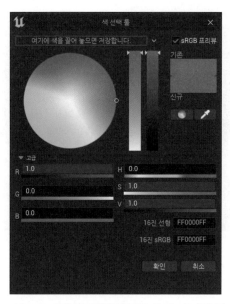

그림 4.37 색상 정지점을 클릭하면 열리는 색 선택 툴

색상/알파 그라데이션의 하단 부분에는 알파 정지점이 있다. 알파 정지점을 클릭해 그라데이션의 알파 값을 설정할 수 있다.

그림 4.38 불투명도를 설정하는 알파 정지점

그림 4.39처럼 그라데이션을 수정한다.

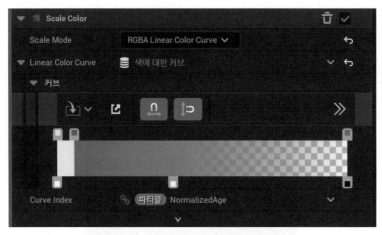

그림 4.39 Linear Color Curve에서 그라데이션 설정

색 선택 툴에서 **V** 슬라이더 값을 500.0으로 늘리면, 파티클을 빛나게 하는 이미시브 ^{emissive} 셰이더가 생성된다.

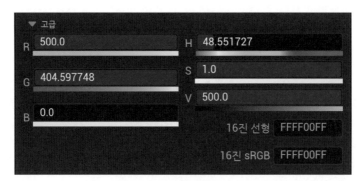

그림 4.40 V 값을 500.0으로 설정

이제 파티클 이미터가 목표했던 모습과 매우 비슷해졌다.

그림 4.41 타는 불꽃처럼 보이는 파티클

아직 할 일이 몇 가지 더 있다. 먼저 파티클이 바닥과 충돌하도록 설정해야 하고, 두 번째로 파티클이 빛을 발생시키도록 해야 한다.

바닥과의 충돌 활성화

바닥과의 충돌을 활성화하기 전에 먼저 **프리뷰** 창에서 바닥을 활성화해야 한다. 그렇게 하려면 **창**^{Window} 메뉴에서 옵션을 체크해 **프리뷰 씬 세팅**^{Preview Scene Settings} 탭을 연다.

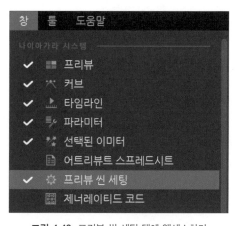

그림 4.42 프리뷰 씬 세팅 탭에 액세스하기

열린 **프리뷰 씬 세팅** 탭에서 **바닥 표시**^{Show Floor}를 체크한다.

이제 **프리뷰** 패널에서 바닥을 볼 수 있다. 충돌을 활성화하면 파티클이 이 바닥에서 튀어 오를 수 있다.

그림 4.43 프리뷰 씬 세팅 탭에서 바닥 표시를 활성화

충돌을 활성화하려면, **파티클 업데이트** 그룹 레이블에서 녹색 + 버튼을 클릭하고 **Collision** 모듈을 **이미터** 노드에 추가한다.

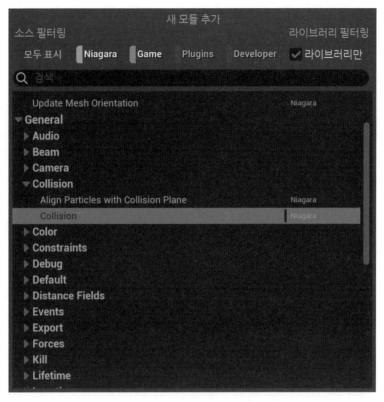

그림 4.44 파티클 업데이트 섹션에 Collision 모듈 추가하기

새 모듈 추가 팝업에서 모듈을 쉽게 찾으려면 검색 상자에 모듈 이름을 입력한다. 라이브
러리만^Library Only 체크박스를 선택하면 라이브러리에 추가된 모듈만 볼 수 있다.

그림 4.45 추가된 Collision 모듈

기본 설정만으로도 충분하므로 **Collision** 모듈의 설정을 변경할 필요가 없다. 이제 파티클이 바닥에서 튀는 것을 확인할 수 있다.

그림 4.46a 바닥에서 튀는 파티클

프리뷰 패널에서 파티클이 바닥에서 튀지 않는 것 같으면, **Initialize Particle** 모듈에서 **Position Offset**을 체크하고 **Z**를 **50.0**으로 설정해 파티클에 약간의 **Z** 오프셋을 추가한다.

그림 4.46b 50.0으로 설정된 Position offset

이미터가 거의 완성됐다. 이제 파티클에서 빛이 발산되게 해보자. 파티클 주위에서 불꽃이 빛나는 것처럼 보이므로 파티클이 자연스러워 보일 것이다.

다음 절에서 그 방법을 살펴보자.

파티클을 빛나게 만들기

파티클을 빛나게 하려면 **이미터** 노드에 새로운 타입의 렌더러를 추가해야 한다. 새로운 렌더러는 **렌더** 그룹 레이블 옆의 **빨간색 + 기호**를 클릭해 추가할 수 있다. 추가할 렌더러는 **라이트 렌더러**^Light Renderer다.

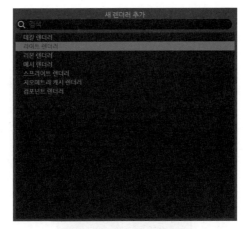

그림 4.47 라이트 렌더러 모듈 추가

기존 **스프라이트 렌더러** 모듈에 **라이트 렌더러** 모듈이 추가됐다.

그림 4.48 스프라이트 렌더러 모듈과 함께 있는 라이트 렌더러 모듈

이제 파티클은 주변에 작은 빛 웅덩이가 생기기 시작할 것이다.

파티클의 빛의 강도를 높이려면 **라이트 렌더러** 프로퍼티에서 **컬러 추가**^{Color Add}와 **반경 스케일**^{Radius Scale}의 벡터 값을 증가시킨다. 그러면 빛이 더 뚜렷해질 것이다.

그림 4.49 파티클 주변이 빛나는 프리뷰 패널의 렌더링 결과

이제 이미터 작업이 완료됐다.

이미터 노드가 다음과 같이 보여야 한다.

그림 4.50 완성된 이미터 노드

그러나 곧 황당함을 느낄 것이다. 이미터를 씬으로 드래그하려고 하면, 언리얼 엔진이
허용하지를 않는다.

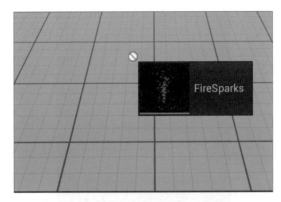

그림 4.51 레벨에 추가할 수 없는 이미터 노드

이는 나이아가라 시스템만 레벨에 추가할 수 있기 때문이다. 따라서 방금 만든 이미터가 포함된 나이아가라 시스템을 생성해야 한다.

나이아가라 시스템 생성하기

나이아가라 시스템을 생성해보자.

콘텐츠 브라우저의 빈 곳에서 마우스 오른쪽 버튼을 클릭한 다음, 메뉴에서 **나이아가라 시스템**을 선택하면 된다.

그림 4.52 우 클릭 메뉴로 바로 나이아가라 시스템을 생성

또한 **FX** 하위 메뉴로 이동해 **나이아가라 시스템**을 선택할 수도 있다.

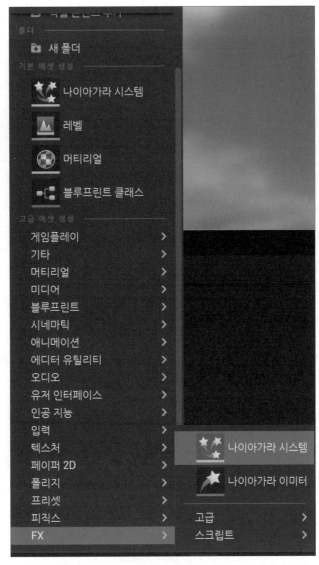

그림 4.53 FX 하위 메뉴를 통해 나이아가라 시스템 생성

나이아가라 시스템을 선택하면 이전 절에서 새로운 이미터를 생성할 때와 유사한 새 마법사 창이 열린다.

첫 번째 옵션인 **선택된 이미터에서 나온 새 시스템**New system from selected emitter(s)을 선택한다. 다음 버튼을 클릭해 다음 화면으로 이동한다.

다음 화면에서는 **Fire Sparks** 이미터를 선택한다.

그림 4.54 나이아가라 시스템 마법사

다음 화면의 레이아웃은 나이아가라 이미터를 생성할 때 봤던 레이아웃(그림 4.5)과 유사한 것을 알 수 있다. 나이아가라 시스템 마법사에서는 이미터를 생성하는 템플릿 중 하나를 선택해 바로 시스템을 만들 수 있다. 그러나 앞서 필요한 사용자 정의 이미터를 이미 생성했으므로, **에셋 타입 필터링**Asset Type Filtering 아래의 **부모 이미터**Parent Emitters 옵션을 선택한다. **부모 이미터** 옵션을 선택하면, 그림 4.55와 같이 방금 생성한 이미터가 리스트에 표시된다. 해당 이미터를 선택하고 팝업 창 우측 하단의 녹색 + 버튼을 클릭한다.

필요하다면, **템플릿** 필터 옵션에서 추가적으로 이미터를 추가할 수 있다.

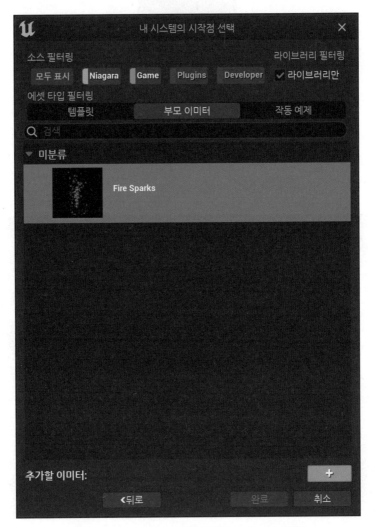

그림 4.55 부모 이미터 아래에 표시된 Fire Sparks 이미터

이제 나이아가라 시스템이 생성됐으며, 콘텐츠 브라우저에서 나이아가라 시스템 에셋 아이콘을 확인할 수 있다.

그림 4.56 나이아가라 시스템 에셋 아이콘

나이아가라 시스템을 편집하려면 해당 아이콘을 더블 클릭한다. 그러면 나이아가라 시스템 에디터가 열린다. 노드 패널에는 큰 폰트로 **시스템**SYSTEM이라는 단어가 표시돼 이미터 창과 구분하는 데 도움이 된다.

그림 4.57 나이아가라 시스템 에디터

나이아가라 시스템 에디터는 나이아가라 이미터 에디터와 매우 유사하다. 차이점이라면, 나이아가라 시스템에서는 여러 **이미터** 노드와 추가로 파랗게 강조된 **시스템** 노드를 가질 수 있다는 것이다. 5장에서는 시스템 계층 구조와 재정의를 살펴본다.

이미터에서 나이아가라 시스템을 생성하는 더 간단한 방법도 있다. 이미터에서 마우스 오른쪽 버튼을 클릭한 다음, 메뉴가 나타나면 **나이아가라 시스템 생성**^{Create Niagara System}을 선택하면 된다. 이 방법을 사용하면 앞의 모든 단계를 생략할 수 있다.

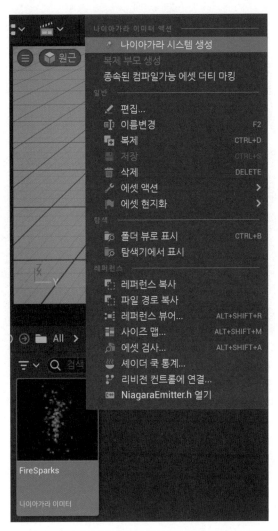

그림 4.58 FireSparks 나이아가라 이미터에서 나이아가라 시스템을 직접 생성한다.

이제 생성된 나이아가라 시스템을 레벨에 추가할 차례다.

⫸ 레벨에 나이아가라 시스템 추가하기

레벨에 나이아가라 시스템을 추가하는 방법은 매우 간단하다. 나이아가라 시스템을 콘텐츠 브라우저에서 레벨로 드래그하기만 하면 된다.

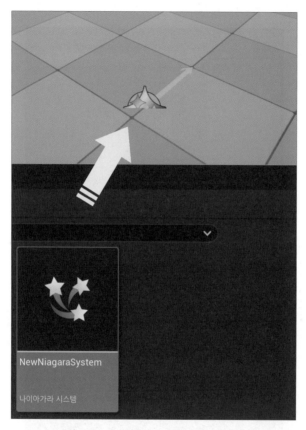

그림 4.59 나이아가라 시스템을 레벨로 드래그

나이아가라 시스템이 재생되기 시작할 것이다.

그림 4.60 나이아가라 시스템의 최종 모습

파티클 시스템은 그림 4.60처럼 보일 것이다.

∷ 블루프린트 액터에 나이아가라 시스템 추가하기

나이아가라 시스템을 레벨로 드래그해 추가했다. 그러나 나이아가라 시스템을 레벨에 추가하는 데 이 방법만 있는 것은 아니다. 블루프린트 클래스 액터의 일부로 나이아가라 시스템을 추가하는 방법도 있다. 복잡한 블루프린트 에셋을 개발하는 데 독창적인 디자인의 파티클 이펙트가 사용됐다고 가정해보자. 이때는 나이아가라 시스템을 레벨에 드롭할 개별 에셋으로 유지하는 것보다 나이아가라 시스템을 블루프린트 자체에 통합하는 것이 낫다. 또한 이 방법을 사용하면 블루프린트 동작과 파티클 시스템 동작 간의 관계도 구축할 수 있다. 예를 들면, 블루프린트 에셋 속도의 빠르기에 따라 파티클 시스템의 색상을 변경시킬 수 있다. 이제 블루프린트 클래스에 나이아가라 시스템을 어떻게 추가하는지 살펴보자.

나이아가라 시스템을 통합하는 블루프린트 클래스를 생성해보자.

콘텐츠 브라우저의 빈 공간에서 마우스 오른쪽 버튼을 클릭해 메뉴를 열고 **블루프린트**

클래스^{Blueprint Class} 옵션을 선택한다.

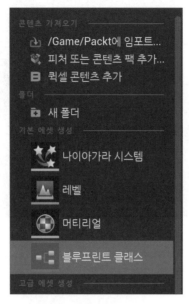

그림 4.61 블루프린트 클래스 생성

다음에 열리는 창에서 **액터**^{Actor} 버튼을 클릭해 블루프린트 액터를 생성한다. 물론 **폰**^{Pawn}
이나 **캐릭터**^{Character}와 같은 다른 블루프린트 클래스를 사용해도 된다.

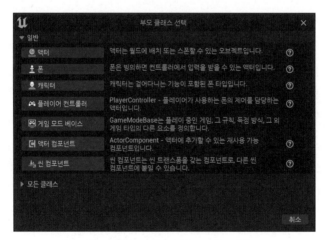

그림 4.62 블루프린트의 부모 클래스 선택

생성한 클래스에 **Niagara Particle System Component**를 추가할 것이다. **컴포넌트**
^Components 패널에서 **+추가**^+Add 버튼을 클릭하고 팝업 메뉴에서 **Niagara Particle System
Component**를 선택하면 된다. 바로 찾기 어렵다면, **컴포넌트 검색**^Search Components 박스를
사용해보자.

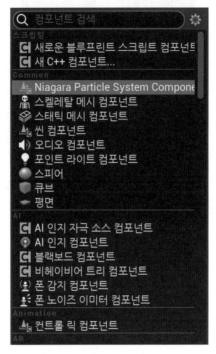

그림 4.63 블루프린트에 Niagara particle system Component 추가

컴포넌트를 선택하고 나면 **Niagara**라는 이름의 컴포넌트가 추가된다. F2를 누르거나 해
당 컴포넌트에서 마우스 오른쪽 버튼을 클릭한 후 메뉴에서 **이름변경**^Rename을 선택하면
자유롭게 이름을 변경할 수 있다.

그림 4.64 추가된 Niagara particle system Component의 이름을 자유롭게 변경 가능

이제 이 컴포넌트를 클릭해 선택한다. 그러면 **디테일** 패널에 이 컴포넌트의 세부 정보가 표시된다. **나이아가라** 섹션 아래에 **나이아가라 시스템 에셋**^{Niagara System Asset}이라는 프로퍼티가 있으며, 이전에 생성한 나이아가라 시스템을 이 프로퍼티 슬롯으로 드래그할 수 있다. 이제 블루프린트 액터가 준비됐다. 액터를 레벨로 드래그해 작동하는지 확인해보자.

그림 4.65 생성한 나이아가라 시스템을 디테일 패널의 나이아가라 시스템 에셋 프로퍼티에 추가

이후 장들에서 블루프린트의 public 변수를 사용해 나이아가라 파티클 시스템의 프로퍼티를 어떻게 변경하는지 살펴볼 것이다. 이 부분을 익히고 나면 다른 컴포넌트와 블루프린트의 동작을 기반으로 나이아가라 파티클 시스템 동작을 정의할 수 있다. 또한 나이아가라에 익숙하지 않은 사람들도 추상화된(단순화된) 블루프린트 프로퍼티로 표시된 public 변수를 사용하면 간접적으로 파티클 시스템의 동작을 쉽게 수정할 수 있다.

⠶ 요약

이 장에서는 나이아가라 파티클 이미터 에셋과 나이아가라 파티클 시스템 에셋을 처음으로 생성해봤다. 또한 나이아가라 파티클 시스템 에셋이 이미터 에셋을 참조하는 방법도 살펴봤다.

마지막으로, 나이아가라 컴포넌트를 레벨과 블루프린트 클래스에 추가하는 방법을 배웠다.

이어지는 5장에서는 이미터와 시스템 사이의 관계를 살펴본다.

05

이미터-시스템의 재정의

이 장에서는 나이아가라의 재정의^{override}를 살펴본다.

재정의는 시스템에서 기존 오브젝트의 동작을 확장하거나 수정하되, 이미 설정된 시스템의 큰 변경 없이 사용자 정의를 특정하게 구현시킬 수 있다. 이번 장에서는 여러 프로젝트에서 이미터를 재사용할 수 있는 워크플로를 개발할 때 재정의를 어떻게 사용하는지 배울 것이다.

재정의 워크플로는 기존 파티클 시스템의 기능을 확장하는 데 유용하다. 이 수정된 파티클 시스템은 원본 파티클 시스템의 입력과 출력에 액세스하고 필요에 따라 해당 동작을 수정할 수 있다. 또한 기존의 파티클 시스템을 재사용하고 언리얼 프로젝트에서 수정 가능한 프로덕션 워크플로를 디자인할 수도 있다. 따라서 기본적인 이펙트 라이브러리를 보유하고 프로젝트별로 조정 가능하다.

그다음에는 이미터와 모듈의 기본값을 배우고, 파티클 이펙트 개발에 어떻게 도움이 되는지도 알아볼 것이다.

5장에서는 다음 내용을 다룬다.

- 모듈 재정의

- 파라미터 재정의

◌ 기술적인 요구 사항

언리얼 엔진 5.1 이상이 필요하며 설치 과정은 1장에서 설명했다.

이 책에서 작업한 프로젝트는 깃허브(https://github.com/PacktPublishing/Build-Stunning-Real-time-VFX-with-Unreal-Engine-5)에서 확인할 수 있다.

◌ 모듈 재정의

나이아가라는 특별한 워크플로를 제공하는데, 일반 값과 모듈을 갖춘 이미터 라이브러리를 생성한 후 프로젝트별 요건에 따라 수정할 수 있다. 이러한 워크플로는 재정의 기능 덕분에 가능한 것이다. 모듈 재정의를 하면 사용자가 이미터에 재정의 모듈을 추가해 기존 모듈의 동작을 확장할 수 있다. 이러한 재정의 모듈은 파티클 시스템 단계에서 추가된다. 이해하기 쉽게 예를 들어본다. 4장에서는 이미터를 생성한 다음, 나이아가라 시스템에서 이미터를 호출했다.

그림 5.1 동일한 이미터의 개요 노드를 비교

이미터 에셋과 파티클 시스템 에셋의 **개요** 노드가 어떻게 다른지 비교해보자. 알다시피 이미터 에셋이 파티클 시스템 에셋에서 참조되다 보니 **개요** 노드도 같을 것이라고 예상하기 쉽다. 그럼 차이점은 없는지 살펴보자. 이미터에 있는 **FireSparks**의 **개요** 노드와 시스템에 있는 **FireSparks**의 **개요** 노드를 비교해보자. **시스템** 노드에 있는 단독 표시 활성화^{Enable Isolation} 아이콘과 자물쇠 아이콘을 제외하고는 두 노드가 거의 동일하다. 하지만 이 장의 후반부에서 다룰 재정의 모듈을 추가하면 두 노드가 서로 다른 것을 알 수 있다.

이미터 노드는 **시스템** 노드를 작동시키고, **이미터** 노드가 변경되거나 저장되면 **시스템** 노드에 반영된다.

테스트를 해보려면, **이미터** 노드에서 비활성화된 **Gravity Force** 모듈을 제거한다. **Gravity Force** 모듈을 선택하고 키보드에서 **Delete** 키를 누르거나 **선택** 패널에서 **Gravity Force** 섹션 우측의 휴지통을 클릭하면 된다.

그림 5.2 이미터 개요 노드에서 휴지통 아이콘을 클릭해 Gravity Force 모듈을 삭제

이미터에서 휴지통 아이콘을 클릭하기 전에 **시스템** 노드의 **Gravity** 모듈에 유사한 아이콘이 있는지 확인해보자. **시스템** 노드에서 **Gravity** 모듈을 선택하면 휴지통 아이콘 대신 자물쇠 아이콘이 표시된다.

그림 5.3 시스템 노드의 Gravity Force 모듈에 있는 자물쇠 아이콘

이 둘의 차이가 중요하므로 좀 더 자세히 살펴보자.

노드에서 모듈을 제거하는 또 다른 방법은 **개요** 노드에서 해당 모듈을 선택하고 키보드에서 **Delete** 키를 누르는 것이다.

이미터 개요 노드에서 **Gravity** 모듈을 선택하고 삭제하면 별문제 없이 사라진다. **Gravity** 모듈은 이미터를 저장하기 전까지는 **시스템** 노드에 계속 있다. 이미터를 저장하면 **시스템** 노드가 업데이트되고, **시스템** 노드에서 **Gravity** 모듈도 사라진다.

시스템 노드가 **이미터** 노드에서 정보를 읽기 때문에 당연한 결과라 할 수 있다.

Gravity 모듈이 시스템과 이미터에 다시 존재하도록 **Ctrl + Z**를 눌러 삭제된 **Gravity** 모듈을 되돌리자.

이번에는 **Gravity** 모듈을 다시 삭제하되, 이미터가 아닌 시스템에서 삭제해보자. 그러면 삭제할 수 없다는 알림이 표시될 것이다.

이 결과로 확실히 알 수 있는 점은 이미터에서 모듈의 추가 및 제거가 가능하고 변경 사항도 시스템에 반영되지만 이미터에 추가해 상속된 모듈은 시스템에서 제거할 수 없다는 것이다.

그러나 모듈을 활성화하거나 비활성화할 수는 있다. 그림 5.4를 보면, 시스템에서 **Gravity** 모듈을 활성화했지만 이미터에서는 비활성화한 것을 확인할 수 있다.

그림 5.4 시스템 노드에서 재정의된 Gravity Force 모듈 활성화 상태

시스템 노드에는 상속된 모듈 외에 다른 모듈도 추가할 수 있다. **시스템** 노드에서 **파티클 업데이트** 섹션에 Point Attraction Force를 추가해보자. **파티클 업데이트** 섹션 패널 오른쪽에 있는 녹색 + 아이콘을 클릭한 후, 팝업 메뉴가 뜨면 **Point Attraction Force** 항목을 검색한 다음 클릭하면 된다.

그림 5.5 파티클 업데이트 섹션에 추가된 Point Attraction Force 모듈

모듈의 기본값이 매우 낮기 때문에 **프리뷰** 창에서 동작의 차이를 확인하기 어려울 수 있다. 일부 프로퍼티를 수정해보자. **Attraction Strength**를 1000으로, **Attraction Radius**를 500으로 변경한다.

그림 5.6 1000으로 설정된 Attraction Strength와 500으로 설정된 Attraction Radius

142

수정된 값으로 레벨의 파티클 시스템 동작이 변경됐다.

그림 5.7 값을 수정한 후 파티클 시스템의 중심으로 파티클이 빨려 들어가는 동작

주목할 점은 시스템을 저장하면 추가된 노드가 시스템에만 있고 이미터에는 없다는 것이다. 따라서 **시스템** 노드에 별도의 모듈을 추가해 이미터의 모듈 구조를 재정의할 수있다.

이전에는 모듈이 이미터에서 상속됐기 때문에 삭제할 수 없었다. 그러나 이미터 대신시스템에 모듈을 추가하면 필요시 시스템에서 모듈을 삭제할 수 있는 장점이 있다. 따라서 기본 모듈이 포함된 이미터 라이브러리가 있고, 프로젝트의 요건에 맞게 시스템에서 조정할 수 있다. 이제 시스템에서 모듈 재정의를 이해했으므로, 모듈을 삭제할 때 어떤 일이 발생하는지 살펴볼 차례다. **Point Attraction Force** 모듈을 삭제해보자. **디테일**패널에서 휴지통 아이콘을 클릭하거나 모듈을 선택하고 **Delete** 키를 누르면 된다. 예상대로 모듈은 문제없이 삭제된다. 계속 진행하기 전에 시스템을 저장하자.

⫶⊪ 파라미터 재정의

가끔은 시스템 수준의 모듈 전체가 아닌 모듈의 특정 프로퍼티만 재정의해야 할 때가 있다. 이때 필요한 기능도 나이아가라에서 제공하는데, 재사용 가능한 모듈 라이브러리의 생성을 도와줄 뿐만 아니라 모든 파라미터의 정확한 값을 찾아야 하는 수고도 덜어준다. 이러한 파라미터는 이미터에서 설정된 값을 재정의해 **시스템** 노드에서 조정된다. 이제 모듈 파라미터 값과 관련된 재정의 기능이 어떻게 작동하는지 살펴보자.

먼저 **이미터** 노드를 선택하고 **Curl Noise Force** 모듈을 선택한다. **Curl Noise Force** 모듈의 **Noise Frequency** 값이 1.0으로 설정된 것을 볼 수 있다.[1] 이 값은 해당 프로퍼티의 기본값이 아니다. 따라서 기본값으로 되돌리는 흰색 화살표가 프로퍼티의 오른쪽에 표시된다.

그림 5.8 이미터 노드 프로퍼티의 흰색 재설정 화살표

이 되돌리기 화살표를 클릭하면 프로퍼티 값이 모듈 기본값인 **50.0**으로 재설정된다. 프로퍼티 값이 모듈 기본값으로 설정되면 흰색 화살표가 사라진다. 모듈 기본값은 모듈 내부에서 기본값으로 설정된다.

---

1   4장의 '분수의 움직임을 랜덤한 방향으로 활성화' 절에서 **Noise Frequency**를 기본값인 50.0에서 1.0으로 수정했다. – 옮긴이

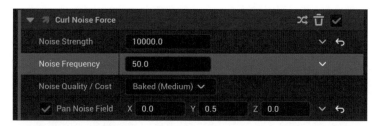

그림 5.9 흰색 화살표를 누르면 Noise Frequency 값이 기본값(50.0)으로 리셋됨

프로퍼티를 다시 변경하면, 흰색 화살표가 다시 나타난다. **Noise Frequency** 값을 이전과 같이 **1.0**으로 설정해 화살표가 나타나게 하자.

이제 **이미터** 노드에서 동작을 확인했으므로, **시스템** 노드에서 재정의 동작이 어떻게 작동하는지 살펴보자.

시스템 노드에서도 예상대로 **Noise Frequency**가 1.0으로 설정돼 있다. 이 프로퍼티 값이 상속된 **이미터** 노드에서 설정한 값이기 때문이다. 따라서 해당 값을 모듈 기본값으로 재설정할 수 있는 흰색 화살표가 나타난다.

그림 5.10 1.0으로 설정된 값 때문에 흰색 화살표가 표시된 시스템 노드의 Noise Frequency 프로퍼티

그러나 여기서 동작에 약간의 차이가 있다. 화살표를 클릭하면 기본값이 **50.0**으로 재설정되지만, 화살표가 어떻게 되는지 살펴보자. 화살표가 사라지는 대신, 이제 흰색 화살표가 있던 자리 바로 옆에 녹색 화살표가 나타난다. 이 화살표는 프로퍼티 값을 이미터 기본값으로 재설정한다. 이미터 기본값은 이 노드를 상속한 이미터에서 설정한 값으로 **1.0**이다. 그러나 알다시피 이 프로퍼티 값을 **1.0**으로 설정해버리면 이제 모듈 기본값인 **50.0**과 같지 않다. 따라서 녹색 화살표를 클릭하면 값이 이미터 기본값인 **1.0**으로 재설정되지만, 재설정된 값과 모듈 기본값이 같지 않으므로 흰색 화살표가 다시 표시된다.

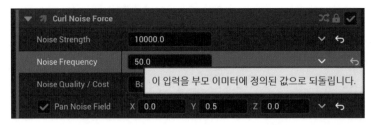

그림 5.11 흰색 재설정 화살표를 클릭하면 녹색 재설정 화살표가 나타나고 프로퍼티 값은 50.0으로 설정된다.

값을 테스트한 후에 다시 재설정할 때, 이러한 화살표를 사용해 모듈 기본값이나 이미터 기본값 중 하나를 선택할 수 있다. 녹색 화살표는 값을 이미터 기본값으로 재설정하고, 흰색 화살표는 값을 모듈 기본값으로 재설정한다.

> **NOTE**
>
> 언리얼 엔진 4에서는 모듈 기본값 화살표가 노란색이었다.

시스템 값은 이미터 또는 모듈에서 상속된 값을 재정의하는 값이다. 화살표를 사용하면 이미터나 모듈에 설정된 기본값에 쉽게 액세스할 수 있다.

이 기능을 사용하면 워크플로를 디자인할 때 이미터에 다양한 효과를 지원하는 모듈 값을 설정할 수 있다. 그런 다음, 시스템 단계에서 특정 목표 이펙트에 적용할 수 있게 해당 값을 수정할 수 있다.

재정의 기능은 나이아가라 프레임워크에서 파티클 시스템의 동작을 유연하고 유지 보수가 가능하게 사용자 정의할 수 있는 방법을 제공한다.

이러한 재정의 기능을 사용해 팀 워크플로도 구현할 수 있다. 나이아가라를 잘 다루는 팀원이 나머지 팀원이 사용할 수 있도록 이펙트 라이브러리 역할을 하는 나이아가라 이미터 모듈을 개발하는 것이다. 나머지 팀원은 원래 이미터 모듈을 나이아가라 시스템에 추가하고 시스템 모듈에서 수정하면 원하는 이펙트를 얻을 수 있으므로, 원래 이펙트 모듈은 수정할 필요가 없다.

⠿ 요약

이 장에서는 **이미터** 노드와 **시스템** 노드 간의 관계를 살펴봤으며 **시스템** 노드에 모듈을 추가하고 재정의하는 방법도 알아봤다. 또한 **시스템** 노드에서 모듈의 특정 파라미터를 재정의하는 방법도 다뤘다. 끝으로, 재정의 기능 덕분에 팀에서 모든 프로젝트에 재사용 가능한 이미터 모듈 라이브러리를 개발하고 **시스템** 노드에서 이미터 값을 조정하는 워크플로를 디자인할 수 있다는 것을 배웠다.

다음 장에서는 동적 입력을 살펴본다.

2부

나이아가라 비주얼 이펙트 탐구

2부에서는 지금까지 익힌 기초 개념을 토대로 나이아가라의 고급 주제를 다룬다. 우선 자체 사용자 정의 모듈과 로컬 모듈을 만들어 사용자 정의 동작을 생성할 것이다. 또한 이벤트와 이벤트 핸들러를 사용해 이미터 간의 상호작용을 다루고, 파티클 시스템의 디버깅과 최적화를 배울 것이다. 마지막으로는 public 변수로 제어되는 나이아가라 시스템이 포함된 블루프린트 액터를 생성해본다.

2부는 다음과 같이 구성된다.

- 6장. 동적 입력 살펴보기

- 7장. 사용자 정의 나이아가라 모듈 생성하기

- 8장. 로컬 모듈과 버전 관리

- 9장. 이벤트와 이벤트 핸들러

- 10장. 나이아가라의 디버깅 워크플로

- 11장. 블루프린트로 나이아가라 파티클 제어하기

06

동적 입력 살펴보기

지금까지 모듈을 살펴봤으므로, 이번 장에서는 한 단계 더 나아가 동적 입력 개념을 다룰 것이다. 동적 입력을 사용하면 모듈에서 사용 가능한 표준 입력을 사용했을 때보다 더 흥미로운 파티클 이펙트를 만들 수 있다.

6장에서는 다음 내용을 다룬다.

- 동적 입력이란 무엇인가?
- 동적 입력을 사용해 랜덤한 색상으로 파티클 생성하기

⁝⁝▶ 기술적인 요구 사항

이 책에서 작업한 프로젝트는 깃허브(https://github.com/PacktPublishing/Build-Stunning-Real-time-VFX-with-Unreal-Engine-5)에서 확인할 수 있다.

⁝⁝ 동적 입력이란 무엇인가?

나이아가라는 관련 지식을 얼마나 알고 있는지와 상관없이 누구나 작업할 수 있도록 설계됐다. 이전 장에서 배운 나이아가라의 내용만으로도 비교적 복잡한 파티클 시스템을 만들 수 있다. 그러나 아티스트 입장에서는 좀 더 나은 확장성을 기대할 수밖에 없다. 확장성을 가지려면 프로퍼티 값에 상수가 아닌 몇 가지 수학 공식이나 함수의 결과를 입력하면 된다. 나이아가라는 이러한 공식과 함수들의 라이브러리를 제공하며, 이를 동적 입력Dynamic Input이라고 한다. 동적 입력으로 사용자는 무한한 확장성을 가질 수 있다.

동적 입력은 다양한 유형의 함수나 그래프 로직을 사용해 모든 값을 제어할 수 있다. 또한 동적 입력이 서로 연결되면 1개의 동적 입력일 때보다 더 복잡한 파티클 이펙트를 생성할 수 있다. 성능을 향상시키려면 새 모듈을 생성하는 것보다 가능한 한 기존 모듈과 함께 동적 입력을 사용하는 것이 좋다.

동적 입력은 거의 모든 모듈 파라미터에 추가할 수 있다. 동적 입력을 추가할 수 있는 파라미터는 우측에 아래쪽 화살표가 있으며, 그림 6.1처럼 재설정 화살표 옆에 위치한다.

그림 6.1 모듈 프로퍼티 우측의 동적 입력 아이콘

화살표를 클릭하면 실행 가능한 동적 입력의 메뉴가 상황에 맞게 나타난다.

그림 6.2 동적 입력 팝업

기본적으로 나이아가라의 팝업 메뉴에서는 사용자가 추가한 사용자 정의 동적 입력과 보유하고 있는 플러그인을 숨긴다. 이 둘을 활성화하려면 **Plugins**와 **Developer** 선택 옵션을 클릭하거나 **모두 표시**Show All 버튼을 클릭하면 된다.

또한 나이아가라는 학습자들이 더 쉽게 작업할 수 있도록 몇 가지 동적 입력을 제안하기도 한다. 이때 사용자가 가장 많이 찾는 입력이 제안되므로 검색에 소요되는 시간을 절약할 수 있다.

이번에는 동적 입력을 간략히 소개한 후, 어떻게 동적 입력을 사용하는지 보여주는 관련 예제를 다뤄볼 것이다. 4장에서 생성한 **FireSparks** 이미터가 포함된 **NewNiagara System** 파티클 시스템을 연다. 그런 다음, 동적 입력을 추가해 몇 가지 프로퍼티를 수정할 것이다. **개요** 노드에서 **이미터 업데이트** 아래의 **Spawn Rate** 모듈을 선택하자. 2,000으로 설정된 **SpawnRate** 프로퍼티를 동적 입력을 사용해 시간에 따라 변화시켜보자.

시간에 따라 변하게 하려면, **SpawnRate** 프로퍼티 우측의 아래쪽 화살표를 클릭한다. 제안된 옵션 중에서 **Waveform**을 선택한다.

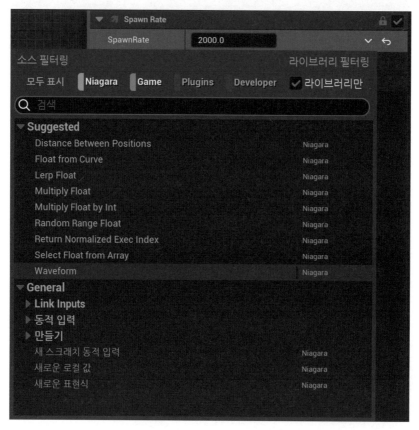

그림 6.3 Waveform 동적 입력 추가

그 결과 **SpawnRate** 프로퍼티에 **Waveform** 동적 입력 프로퍼티가 추가된다. **Waveform** 동적 입력 프로퍼티는 **Waveform**이라는 단어 옆에 파란색 그래프 아이콘으로 표시되고, 그림 6.1에서 **2000.0**이었던 텍스트 입력 위젯을 대체한다. **Waveform** 입력은 **Sine**, **Cosine**, **Square**, **Triangle**과 같은 다양한 파형을 적용한다. 이렇게 각 파형에 해당하는 파라미터를 수정하면 다양한 동작을 얻을 수 있다. 또한 여러 파형을 적용해 결과적으로 간섭 현상을 만들 수도 있다. 여기서는 기본값인 **Sine** 파형 하나를 유지한다.

SpawnRate는 이제 2000.0의 설정을 따르지 않고, **Waveform** 동적 입력으로 제어된다. 하지만 파티클 동작에 큰 변화를 느끼지 못해 조금은 혼란스러울 수도 있다.

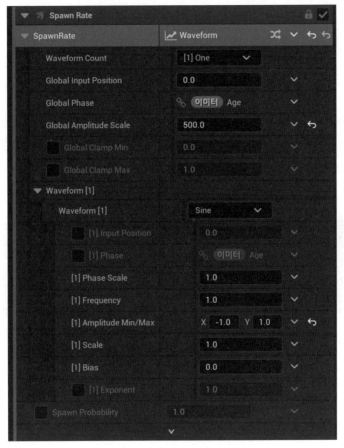

그림 6.4 Waveform 동적 입력 프로퍼티

동적 입력의 이펙트는 파티클 시스템에 큰 영향을 줄 정도로 몇 가지 값을 조정해야 분명한 변화를 느낄 수 있다. 그럼 다음과 같이 변경해보자.

- **Global Amplitude Scale**을 500.0으로 설정
- **Amplitude Min/Max**의 X를 -1.0으로 설정

이렇게 설정하면 사인 파형이 충분한 값으로 확대돼 파티클 시스템에서 **SpawnRate**가 증가하거나 감소하는 것을 확인할 수 있다. 진폭이 –1에 가까워지면, 파티클이 스폰되지 않고 증가하기 시작한다. **Global Amplitude Scale**을 조정해 최대 5000.0까지 올리고 나서 파티클이 어떻게 반응하는지 확인해보자. 값이 5000.0인 상태에서 사인 값이 1에 가까워질수록 많은 파티클이 스폰되는 것을 확인할 수 있다.

동적 입력을 사용해 진동하는 불꽃 생성기를 방금 만들었다.

다른 프로퍼티를 테스트하면서 파티클 시스템에 어떤 영향을 미치는지 확인해보자.

이제 **Waveform** 동적 입력을 추가하기 전과 같이 **SpawnRate**를 단일 값으로 재설정하자. 우선 아래쪽 화살표를 클릭해 동적 입력이 나타나게 한다. 그런 다음, **만들기**Make 섹션에서 **새로운 로컬 값**New Local Value을 선택한다. 그럼 **SpawnRate**가 이전과 동일한 숫자로 작동한다.

그림 6.5 동적 입력 제거

모듈만 사용하는 것보다 간단한 동적 입력이 더 흥미로운 이펙트를 생성하는 것을 확인했다.

이어서 동적 입력을 어떻게 연결해 훨씬 더 흥미로운 이펙트를 만들 수 있는지 살펴볼 것이다.

동적 입력을 사용해 랜덤한 색상으로 파티클 생성하기

이 절에서는 동적 입력을 연결해 랜덤한 색상으로 파티클을 생성하는 방법을 알아본다.

이번에도 **NewNiagaraSystem** 파티클 시스템을 계속 사용할 것이다. 또한 작업을 수월하게 해주는 **선택** 패널에 추가된 몇 가지 새로운 UI 요소도 살펴본다.

NewNiagaraSystem을 더블 클릭해 나이아가라 에디터부터 연다. 먼저 충돌을 방지하고 동적 입력이 잘 작동할 수 있도록 시스템에서 몇 가지 모듈을 비활성화해야 한다. 그모듈 중 하나가 바로 **파티클 업데이트** 섹션에 있는 **Scale Color** 모듈이다. 이 모듈을 비활성화하지 않으면 동적 입력으로 할당된 랜덤한 색상을 덮어 씌우게 된다. 모듈의 비활성화는 동적 입력을 쉽게 파악하기 위함이지 기술적인 이유에서 필요한 것은 아니다.

그림 6.6 Scale Color 모듈 비활성화

Scale Color 모듈을 비활성화한 후에는 모든 파티클이 흰색으로 변경되고 빛이 사라진다. 또한 이전에 비활성화된 **Gravity Force**도 그대로 둬서 파티클이 떠다닐 수 있도록 한다. 이제 랜덤한 색상으로 파티클을 생성할 준비가 됐다.

우리가 기대하는 결과는 파티클이 스폰될 때 랜덤하게 색상이 할당되고 파티클이 소멸될 때까지 그 색상을 유지하는 것이다. 이러한 결과를 얻으려면, **파티클 스폰** 그룹에서 파티클의 색상을 할당해야 한다. 이미 적합한 모듈도 갖고 있다. 바로 **Initialize Particle** 모듈이다. **Initialize Particle** 모듈은 파티클이 스폰될 때 모듈에 지정된 프로퍼티를 파티클에 적용한다.

그림 6.7 Initialize Particle 모듈

파티클의 색상을 수정해야 하므로, 모듈의 **Color** 프로퍼티에 초점을 둘 것이다.

그림 6.8 Initialize Particle 모듈의 Color 프로퍼티

Color Mode 프로퍼티는 나중에 살펴볼 예정이므로, 지금은 **Color** 프로퍼티에 집중하자.

기본적으로 **Color** 프로퍼티에는 **선형 컬러**^{Linear Color} 값이 할당돼 있다. 이 프로퍼티에 랜덤하게 선형 컬러를 할당하는 동적 입력이 필요하다.

그림 6.9 선형 컬러 타입의 값을 갖는 Color 프로퍼티

사용 가능한 동적 입력을 확인해보자. 아래쪽 화살표를 클릭하면 동적 입력 메뉴를 볼수 있다.

나이아가라에서 유용한 옵션을 몇 가지 제시할 것이다. 랜덤한 선형 컬러가 필요하므로, 제시된 옵션에서 **Random Range Linear Color**를 선택한다.

그림 6.10 Random Range Linear Color 프로퍼티 선택

Color 프로퍼티는 이제 동적 입력을 표시하며, 그림 6.11과 같이 2개의 색상을 선택할수 있다. 이 색상은 랜덤하게 선택되는 색상의 범위를 정의한다. 기본적으로 검은색 최솟값과 흰색 최댓값 사이에서 회색의 색상 변화를 확인하는 것은 조금 어려울 수 있다. 그러므로 Minimum 색상을 빨간색으로, Maximum 색상을 녹색으로 설정하자.

그림 6.11 Random Range Linear Color의 Minimum과 Maximum 색상 범위 설정

그러면 그림 6.12에서 볼 수 있듯이, 빨간색과 녹색 사이에 있는 색상 가운데 임의의 한 가지 색상이 파티클에 할당된다.

그림 6.12 빨간색과 녹색 사이에 있는 색상 가운데 임의의 한 가지 색상으로 할당된 파티클이 프리뷰 창에 표시됨

이것만으로는 멀티컬러 파티클을 표현하기에 부족하므로 동적 입력을 연결해야 한다.

동적 입력을 연결한다는 것은 기존의 동적 입력에 새로운 동적 입력을 추가하는 것을 의미한다.

이때는 **Random Range Linear Color** 동적 입력에서 **Maximum** 값을 가져와 다른 **Random Range Linear Color** 입력을 추가한다. 녹색으로 설정한 **Maximum** 프로퍼티의 오른쪽에 있는 아래쪽 화살표를 클릭하면 된다.

그림 6.13 첫 번째 Random Range Linear Color 프로퍼티의 Maximum 프로퍼티에
다른 Random Range Linear Color 프로퍼티를 연결

이제 최댓값이 **Random Range Linear Color** 입력으로 대체돼서 추가적으로 두 가지 색
상을 선택할 수 있게 된다. 여기서는 **Minimum**을 녹색으로, **Maximum**을 파란색으로 설
정하자.

그림 6.14 Color 프로퍼티에 함께 연결된 Random Range Linear Color 동적 입력

동적 입력을 연결한 결과, 파티클 시스템은 이제 RGB 색상 전체 영역에서 색상을 선택할 수 있다. 비로소 제대로 된 랜덤한 색상이 파티클에 할당된다.

그림 6.15 2개의 Random Range Linear Color 동적 입력을 연결한 결과, 전체 RGB 영역에서 랜덤한 색상을 얻음

지금까지의 내용은 동적 입력을 연결한 간단한 예일 뿐이다. 이러한 연결 방식으로 파티클 시스템에 복잡한 동적 입력을 만들 수 있다.

단, 이 방법은 작동하는 데 문제가 없지만, 파티클 시스템에 랜덤하게 색상을 할당하는 것과 같이 간단한 작업을 수행할 때는 사용하기가 다소 번거롭다.

나이아가라에는 이러한 일반적인 동작에 사용할 수 있는 더 쉬운 방법이 있다. 이전에 건너뛴 **Color Mode** 옵션을 사용하면 된다. **Color Mode**는 사용자가 파티클 시스템의 **Random Hue/Saturation/Value** 및 **알파**를 더 쉽게 변형할 수 있는 워크플로를 제공한다. 이제 **Color Mode** 옵션을 사용해 동일하게 동작하는 랜덤한 멀티컬러 파티클을 만들어보자. 그에 앞서, 동적 입력 메뉴에서 **새로운 로컬 값**을 선택해 **Random Range Linear Color** 동적 입력을 제거한다. 그러면 색상을 하나만 선택할 수 있는 상태로 돌아가게 된다.

Color Mode는 **Direct Set**으로 설정돼 있다. **Color Mode** 드롭다운 메뉴에서 **Random Range** 옵션을 선택한다.

그림 6.16 Color Mode에서 Random Range 선택

이제 **Random Range Linear Color** 동적 입력에서 했던 것처럼, **Color** 프로퍼티가 변경돼 두 가지 색상을 선택할 수 있다. 색상을 빨간색과 녹색으로 설정해 이전과 유사한 동작을 만들어보자.

그림 6.17 Color Mode에서 Random Range를 선택하면 UI가 변경돼
Color Minimum과 Color Maximum 프로퍼티가 표시된다.

이전 상황과 유사하게 빨간색과 녹색 사이의 색상만 나타날 뿐, 제대로 된 멀티컬러 파티클이 표현되지는 않는다. **Color Minimum**이나 **Color Maximum** 프로퍼티에 **Random**

Range Linear Color를 추가해 랜덤한 색상의 파티클을 얻을 수도 있지만, 나이아가라에서는 그 과정을 좀 더 쉽게 만들었다.

완벽하게 랜덤한 색상의 파티클을 얻으려면, **Color Mode** 프로퍼티에서 **Random Hue/Saturation/Value** 옵션을 선택한다.

그림 6.18 Color Mode에서 Random Hue/Saturation/Value 선택

이제 **Color** 프로퍼티 UI가 변경되고 추가 옵션이 제공된다. 파티클 색상의 무작위성을 정의할 때 색조 변형의 범위를 선택할 수 있게 된 것이다. 변화를 명확히 확인하려면 순백색이나 검은색이 아닌 다른 색상을 선택해야 한다.

여기서는 빨간 색조를 선택하고, **Hue Shift Range**를 X = -0.1과 Y = 0.1로 설정한다.

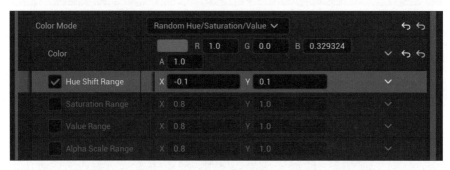

그림 6.19 Hue Shift Range 값이 X = −0.1과 Y = 0.1인 빨간 색조 선택

이전에 언급한 변경 사항을 적용하면 그림 6.20에서 볼 수 있듯이, 빨간색과 빨간색에 가까운 색조로 랜덤한 색상의 파티클이 생성된다.

그림 6.20 지정된 범위 내에서 색조가 랜덤하게 변형된 빨간색 파티클

전체 색상 영역을 포함하는 완벽한 멀티컬러 파티클을 얻으려면 **Hue Shift Range**의 X
값을 -0.5로, Y 값을 0.5로 설정한다. 설정이 끝나면 랜덤한 색조 범위가 전체 색조 영역
으로 확대돼 완벽하게 랜덤한 색상이 반영된다.

그림 6.21 전체 색조 영역이 적용된 랜덤한 색상의 파티클

이제 **Saturation Range**, **Value Range**, **Alpha Scale Range**의 값을 변경해 파티클의 색상

을 조정할 수 있는데, 색조 범위와 달리 채도, 명도, 알파가 정규화돼 0과 1 사이에서 범위를 조정해야 한다. 또한 명도와 채도를 과도하게 높여서 고발광 또는 고채도의 파티클을 얻을 수도 있다.

⠿ 요약

이 장에서는 동적 입력을 사용하는 방법을 배웠다. 상수 값만 입력했을 때보다 동적 입력을 사용했을 때가 파티클 시스템에서 훨씬 더 다양한 동작을 만들 수 있었다. 나머지 동적 입력도 테스트해보며 어떤 결과를 얻을 수 있는지 확인해보자.

다음 장에서는 좀 더 고급 기능을 살펴본다. 지금까지는 나이아가라가 제공하는 모듈만 사용했지만, 이제부터는 사용자 정의 나이아가라 모듈을 어떻게 생성하는지 알게 될 것이다.

07

사용자 정의 나이아가라 모듈 생성하기

나이아가라의 모듈을 사용하면 파티클 시스템에 다양한 동작을 구현할 수 있다. 이제 일부 모듈에 익숙해지기는 했지만, 고난도의 파티클 시스템 작업을 시작하다 보면 나이아가라가 제공하는 모듈로는 파티클 시스템에서 원하는 동작을 구현하기가 어려울 수도 있다. 바로 이때 자신만의 사용자 정의 모듈이 필요한 것이다. 이 장에서는 사용자 정의 나이아가라 모듈을 어떻게 생성하는지 배울 것이다.

7장에서는 다음 내용을 다룬다.

- 새 모듈 생성하기
- 나이아가라 모듈 스크립트 에디터
- 나이아가라 모듈을 편집해 사용자 정의 이펙트 생성

⋙ 기술적인 요구 사항

이 책에서 작업한 프로젝트는 깃허브(https://github.com/PacktPublishing/Build-Stunning-Real-time-VFX-with-Unreal-Engine-5)에서 확인할 수 있다.

⋙ 새 모듈 생성하기

지금까지는 내장된 모듈을 사용해 파티클 이펙트를 생성했다. 하지만 나이아가라의 진가는 사용자 정의 모듈을 개발하기 시작할 때 발휘된다. 사용자 정의 모듈을 사용하면 파티클 시스템의 모든 기능을 무제한으로 제어할 수 있고, 파티클 시스템의 사용자 정의 동작도 디자인할 수 있다. 이러한 모듈을 개발하려면 수학과 벡터에 관한 기본 지식이 필요하다. 이미 이 책 초반에 몇 가지 기본 개념을 다룬 바 있다.

플레이어의 존재를 감지하고 플레이어 주변의 파티클 크기와 색상을 변경하는 사용자 정의 모듈을 사용해 파티클 시스템을 만들 것이다. 플레이어가 파티클 시스템 주위를 돌아다니면, 플레이어를 따라 색상과 크기가 바뀔 것이다. 이러한 동작은 내장된 모듈만으로는 만들 수 없다. 이 동작을 구현하려면 사용자 정의 모듈에 스크립트를 작성해야 한다.

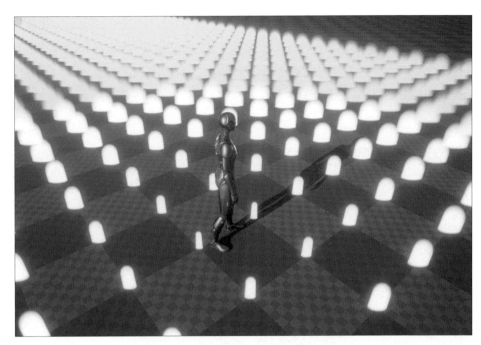

그림 7.1 이 장을 마치며 구현하게 될 이펙트

설령 내장된 모듈로 이러한 이펙트를 만드는 것이 가능하더라도, 사용자 정의 모듈을 작성하는 편이 작업 관리 면에서 더 낫다. 사용자 정의 모듈을 생성하면 **개요** 노드가 더 간결해질 뿐만 아니라 아티스트가 파라미터를 쉽게 조정하는 인터페이스를 디자인할 수 있다. 또 다른 접근법은 이 책의 뒷부분에서 다룰 로컬^{Local} 모듈(스크래치^{Scratch} 모듈)을 만드는 것이다. 향후 진행할 프로젝트에서 모듈을 재사용하려면 사용자 정의 모듈을 개발하는 것이 좋다. 로컬 모듈은 파티클 시스템에 내장돼 있으므로 다른 프로젝트의 파티클 시스템에서 재사용하기가 불편하다. 반면에 사용자 정의 모듈은 별도의 에셋으로 저장되므로, 다른 파티클 시스템에서도 사용 가능하며 다른 사용자나 프로젝트와 공유할 수도 있다.

작업을 담당하는 팀에서는 첫 번째 게임의 개발 주기 동안 사용자 정의 모듈을 개발한 다음, 이 모듈을 차기 프로젝트에서 모두 재사용할 수 있다. 사용자 정의 모듈은 이전에 배운 동적 입력과 함께 작동이 가능하므로 내장된 모듈처럼 사용자가 모듈을 조정할 수 있다.

모듈은 자체 에디터를 갖추고 있으며, 나이아가라 전용 노드가 있는 블루프린트와 유사한 워크플로를 갖고 있다. 이러한 노드는 매우 복잡하게 변할 수 있으며, 고급 셰이더 언어HLSL, High-Level Shader Language 스크립트를 내장해 사용자 정의를 개선할 수 있다. HLSL은 C와 유사한 언어로, 프로그래밍 가능한 셰이더와 함께 사용된다(이 책에서는 HLSL을 자세히 다루지 않는다).

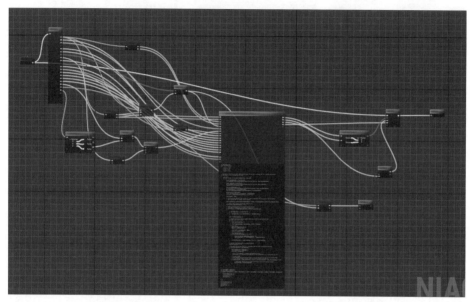

그림 7.2 사용자 정의 HLSL 노드가 있는 복잡한 나이아가라 모듈 스크립트

이제 사용자 정의 모듈의 중요성은 충분히 알았을 테니 사용자 정의 모듈을 직접 만들어보자.

1. 사용자 정의 나이아가라 모듈을 생성하려면, 콘텐츠 브라우저에서 마우스 오른쪽 버튼을 클릭하고 **FX ➤ 스크립트**Script **➤ Niagara Module Script**를 선택한다.

그림 7.3 나이아가라 모듈 스크립트 에셋 생성하기

2. 이제 **나이아가라 모듈 스크립트** 에셋이 생성됐을 것이다. **나이아가라 모듈 스크립트** 에셋 아래에는 노란색 선이 표시된다. 이 모듈의 이름을 PresenceDetector로 변경하자.[1]

1　에셋의 이름을 지정할 때는 공백을 사용할 수 없다. - 옮긴이

그림 7.4 콘텐츠 브라우저의 나이아가라 모듈 스크립트 에셋

나이아가라 모듈 스크립트 에셋을 나이아가라 **이미터/시스템** 노드에 추가할 때, 이 모듈의 이름이 레이블로 사용된다.

그림 7.5 나이아가라 시스템 노드의 모듈 항목으로 표시된 Presence Detector[2] 나이아가라 모듈 스크립트 에셋

다음으로 모듈 편집을 시작해보자. 알다시피 나이아가라 스크립트 에디터를 실행하려면 **나이아가라 모듈 스크립트** 에셋을 더블 클릭해야 한다.

나이아가라 모듈 스크립트 에디터

나이아가라 모듈 스크립트 에디터와 블루프린터 에디터는 놀랍게도 서로 비슷하다. 그러다 보니 블루프린트에 익숙한 사용자라면 나이아가라 모듈 스크립트 에디터에 있는 기능을 쉽게 이해할 수 있다. 하지만 여기서 사용할 수 있는 노드는 블루프린트의 노드와 전혀 다르다. 단, 몇 가지 노드, 특히 기본 수학을 다루는 노드는 유사해 보일 수 있다.

---

2   위에서 공백 없이 에셋의 이름을 지정했지만, 모듈 추가 시에는 가독성을 높이기 위해 자동으로 띄어쓰기가 된다. - 옮긴이

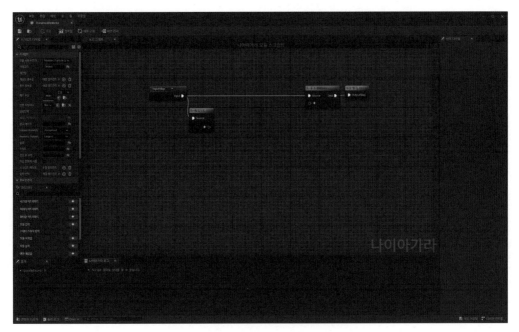

그림 7.6 나이아가라 모듈 스크립트 에디터

에디터에는 8개의 주요 영역이 있다.

그림 7.7 메뉴 바

- **메뉴 바**^{Menu bar}

  이 영역에는 모듈 열기/저장 명령, 실행 취소/다시 실행 옵션, 몇 가지 에셋 명령과
  에디터에서 다른 패널을 숨기거나 표시하는 명령이 포함돼 있다.

그림 7.8 툴바 영역

- **툴바**^{Toolbar}

에셋을 저장하고 열 수 있는 표준 버튼이 있으며, 툴바 영역에는 스크립트를 **컴파일**^{Compile}하고 **적용**^{Apply}하는 버튼이 있다. 또한 새로운 **버전 관리**^{Versioning} 버튼이 있어 이를 통해 소스 제어^{source control}로 유지되는 버전 외에도 스크립트의 버전을 유지할 수 있다. 이어지는 장에서는 버전 관리 시스템을 살펴볼 것이다.

- **스크립트 디테일**^{Script Details}

이 패널에서는 스크립트의 프로퍼티를 표시하고 설정할 수 있다. 여기서 가장 중요한 프로퍼티 중 하나는 **모듈 사용 비트마스크**^{Module Usage Bitmask}로, 모듈을 참조할 수 있는 스크립트 종류를 지정할 수 있다. 또한 **제공된 종속성**^{Provided Dependencies}은 해당 모듈이 다른 모듈에 종속성으로 작동할 것인지를 지정하고, **필수 종속성**^{Required Dependencies}은 이 모듈에 필요한 다른 모듈을 지정할 수 있다. **Library Visibility** 옵션은 이미터에 추가할 모듈을 검색할 때, 이 스크립트가 사용자에게 표시할지 여부를 결정한다.

스크립트에 필요한 입력 또는 출력 파라미터가 있다면, 여기서 지정할 수 있다. 또한 **스크립트 디테일** 패널의 또 다른 옵션인 **설명**^{Description}, **키워드**^{Keywords}, **스크립트 메타데이터**^{Script Metadata}도 지정할 수 있다.

그림 7.9 스크립트 디테일 패널

- **파라미터**Parameters **패널**

파라미터 패널에는 모듈에서 사용하는 모든 파라미터가 나열된다. 각 카테고리 옆의 + 아이콘을 클릭하면 이 패널에 파라미터를 추가할 수 있다. 메인 나이아가라 에디터의 파라미터와 유사하게 여기에도 다음과 같이 다양한 파라미터 카테고리가 있다.

  ○ **시스템 어트리뷰트**System Attributes: 시스템 스테이지에서 작성된 어트리뷰트로,

모든 곳에서 지속성을 유지하고 읽는 것이 가능하다.

○ **이미터 어트리뷰트**^{Emitter Attributes}: 이미터 스테이지에서 작성된 어트리뷰트로, 이미터와 파티클 스테이지에서 읽는 것이 가능하다.

○ **파티클 어트리뷰트**^{Particle Attributes}: 파티클 스테이지에서 작성된 어트리뷰트로, 파티클 스테이지에서 읽는 것이 가능하다.

○ **모듈 입력**^{Module Inputs}: **시스템**과 **이미터** 에디터에 모듈 입력을 노출한다.

○ **스태틱 스위치 입력**^{Static Switch Inputs}: 에디터에서만 값을 설정할 수 있다.

○ **모듈 지역값**^{Module Locals}: 모듈에서 내부적으로 사용되는 비지속성 임시 값이다.

○ **엔진 제공값**^{Engine Provided}: 엔진에서 제공되는 읽기 전용 값이다.

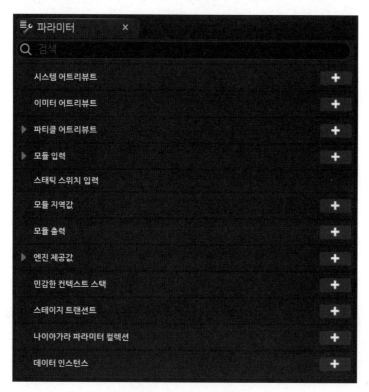

그림 7.10 파라미터 패널

- **통계**^{Stats} **패널**

통계 패널에는 편집 중인 모듈의 작업 횟수 같은 정보가 표시된다. 예를 들면, 그림 7.11에서 모듈의 마지막 작업 횟수(LastOpCount)가 7로 표시된 것을 알 수 있다. 이 값이 낮을수록 모듈은 더 효율적이다.

그림 7.11 통계 패널

- **노드 그래프**^{Node Graph}

에디터의 주요 영역으로 모듈 스크립트를 편집할 수 있다. 시각적으로는 언리얼의 블루프린트와 유사하며, 탐색과 작동 방식도 비슷하다. 아무 곳에서나 마우스 오른쪽 버튼을 클릭해 팝업 메뉴를 연 다음, 사용 가능한 노드를 선택하고 **노드 그래프**로 드래그할 수 있다. 블루프린트와 유사하게, 백색의 실행 노드와 색상이 있는 데이터 노드를 드래그할 수 있다.

새로운 모듈 생성 시 **노드 그래프**는 기본적으로 **InputMap**, **맵 가져오기**^{Map Get}, **맵 설정**^{Map Set}, **모듈 출력**^{Output Module} 노드가 추가된 템플릿 그래프로 표시된다. 보통은 이 노드들을 유지하면서 필요시 그래프에 노드를 더 추가한다. 그러나 이 템플릿 노드들을 삭제하고 처음부터 노드 그래프를 만들 수도 있다.

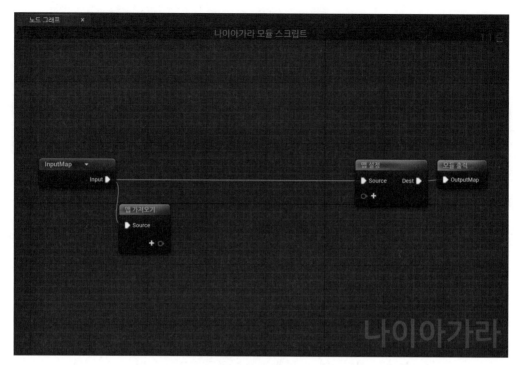

그림 7.12 노드 그래프

- **나이아가라 로그**^{Niagara Log} **패널**

에디터가 컴파일된 스크립트의 출력을 표시하는 패널이다. 컴파일 시 경고나 오류
가 발생하면 모두 여기에 표시된다.

그림 7.13 나이아가라 로그 패널

- **선택 디테일**^{Selected Details} **패널**

이 패널은 다른 언리얼 에디터의 **디테일** 패널과 유사하다. 이 패널은 **노드 그래프**에
서 선택한 노드의 다양한 프로퍼티를 자세히 보여준다.

그림 7.14 선택 디테일 패널

기본 모듈을 생성하기 위해 에디터의 모든 부분을 알아야 하는 것은 아니므로, 상세한 내용까지 소화하느라 부담을 느낄 필요는 없다.

이 에디터 인터페이스를 사용해 사용자 정의 모듈을 개발할 것이다. 이제 모듈 개발을 시작해보자.

나이아가라 모듈을 편집해 사용자 정의 이펙트 생성하기

이제 나이아가라 모듈 스크립트 에디터에 익숙해졌으므로, 이전에 만들었던 **Presence Detector** 모듈 작업을 시작해보자. 실제 코드 작업을 시작하기 전에 먼저 간단한 예제를 살펴보면서 모듈이 어떻게 작동하는지 알아보자.

모듈 작동 방식 이해하기

이 예제는 모듈의 **선택** 패널에서 사용자가 입력한 값에 따라 모듈이 스프라이트의 크기에 영향을 미친다.

노드 그래프 패널에는 **InputMap, 맵 가져오기, 맵 설정, 모듈 출력** 노드가 추가된 템플릿 그 래프 노드가 생성됐다. 템플릿 그래프 노드를 유지한 채로 **맵 가져오기** 노드에서 + 기호를 클릭해 모듈 스크립트를 시작할 것이다. 먼저 사용자가 파티클의 크기를 지정할 수 있게 하자. 파티클 크기에는 균등 스케일링^{uniform scaling}을 사용할 것이다. 따라서 **Vector** 대신에 **플로트**^{float} 입력을 사용할 수 있다. 새로운 **플로트** 입력 핀은 **입력**^{INPUT} 레이블에 표시된 대로 **입력** 네임스페이스에 위치할 것이다^(그림 7.16 참조).

그림 7.15 맵 가져오기 노드에 플로트 입력 값 추가

마우스 오른쪽 버튼으로 핀을 클릭하고 **핀 이름 변경**^{Rename pin} 옵션을 선택한 다음, 이 핀의 이름을 SizeOfParticle로 변경한다. 이 이름은 이 모듈을 **이미터** 노드에 추가할 때 **선택** 패널에 표시된다.

그림 7.16 입력 핀의 이름을 SizeOfParticle로 변경

추가한 이 **입력** 핀을 사용해 파티클 스프라이트의 크기를 제어하려고 한다. 그러려면 **파티클**[PARTICLES] 네임스페이스의 **SpriteSize** 파라미터를 **맵 설정** 노드에 추가해야 한다. **맵 설정** 노드에서 + 기호를 클릭하면 이 작업을 할 수 있다.

그림 7.17 맵 설정 노드에 파티클 SpriteSize 파라미터 추가

모듈에 영향을 미치려면, **맵 가져오기** 노드의 SizeOfParticle 핀을 **맵 설정** 노드의 **Sprite Size** 핀에 연결해야 한다. 연결은 SizeOfParticle 핀에서 SpriteSize 핀으로 커넥터를 드래그하면 된다.

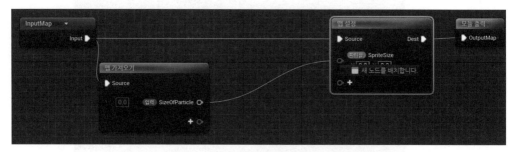

그림 7.18 입력 SizeOfParticle을 파티클 SpriteSize에 연결

SpriteSize 핀은 **Vector 2D** 값이 필요하고 SizeOfParticle은 **float** 값이다. 따라서 그림 7.19와 같이 에디터에서는 자동으로 **플로트 -> Vector 2D**[float -> Vector 2D] 노드를 추가한다.

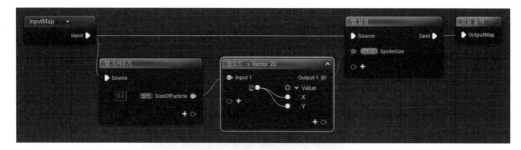

그림 7.19 플로트 –> Vector 2D 노드가 자동으로 추가

이제 **이미터**나 **시스템** 노드에서 모듈을 사용할 준비가 됐다.

이 모듈을 추가할 나이아가라 시스템을 생성해보자. 우선 **Empty** 템플릿을 준비한다.

그림 7.20 Empty 템플릿으로 새 나이아가라 시스템 생성하기

시스템의 이름을 NS_PresenceGrid로 변경한다.

그림 7.21 NS_PresenceGrid라는 새로운 나이아가라 시스템 에셋

나이아가라 시스템이 생성되고 이름이 지정됐다. 이제 편집할 수 있게 시스템을 연 다음, 콘텐츠 브라우저에서 **PresenceDetector** 모듈을 **이미터** 노드로 드래그한다. **이미터** 노드에 **Presence Detector** 모듈이 표시될 것이다.

그림 7.22 PresenceDetector 모듈을 이미터 노드의 파티클 업데이트 섹션으로 드래그

PresenceDetector 모듈을 **이미터** 노드로 드래그하면, 그림 7.23과 같이 노드가 표시된다.

그림 7.23 이미터 노드의 Presence Detector 모듈

이미터 노드에서 **Presence Detector** 모듈을 선택하면 모듈의 **맵 가져오기** 노드에서 지정한 입력 파라미터가 나타난다. **맵 가져오기** 노드에서 핀을 추가했었기 때문에 그림 7.24와 같이 **선택** 패널에 파라미터가 표시된다. 사용자는 이 파라미터를 수정하거나 파라미터에 동적 입력을 추가할 수도 있다. 이제 사용자 정의 모듈에서 **맵 가져오기**와 **맵 설정** 노드의 작동 방식을 파악했으므로 모듈의 **선택** 패널에 사용자 정의 프로퍼티를 추가할 수 있을 것이다.

그림 7.24 SizeOfParticle 프로퍼티가 선택 패널에 표시된다.

Presence Detector 파티클 이펙트 생성하기

이제 사용자 정의 모듈에 입력과 출력 파라미터를 어떻게 추가하는지 알았으니 원하는 기능을 만들어보자.

모듈을 정리하고 **SizeOfParticle** 핀을 삭제하자. 원하는 이펙트에 필요한 새 핀을 추가할 것이다.

첫 번째로 추가할 핀은 그림 7.25에서 볼 수 있듯이, **파티클** 네임스페이스의 **Position** 모듈이다.

그림 7.25 맵 가져오기 노드에 파티클 Position 핀 추가

그러면 이미터에서 생성된 파티클의 위치를 읽을 수 있다.

그림 7.26 맵 가져오기 노드에 Vector 파라미터 추가

다음으로, **입력** 네임스페이스의 **Vector** 파라미터를 추가하고 이름을 PlayerPosition으로 변경한다. 그럼 이제 **PlayerPosition**이 **맵 가져오기** 노드에서 파티클 **Position** 핀 뒤에 위치한 두 번째 핀이 되는 것이다.

그림 7.27 Vector 값의 이름을 PlayerPosition으로 변경

편의상 **PlayerPosition** 핀을 노드의 첫 번째 핀으로 설정하는 것이 좋다. 핀의 순서를 재정렬하려면, 그림 7.28과 같이 핀을 마우스 오른쪽 버튼으로 클릭한 후 팝업 메뉴에서 적절한 옵션을 선택해 핀을 위나 아래로 이동하면 된다.

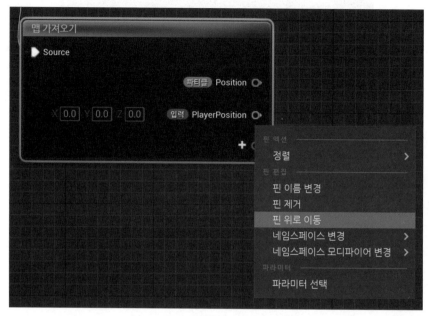

그림 7.28 PlayerPosition 핀을 위로 이동

이제 파티클 시스템 오너[OWNER]의 세 가지 프로퍼티, 즉 **Position, Rotation, Scale**을 읽어야 한다. 이러한 프로퍼티를 읽을 수 있도록 **맵 가져오기** 노드에 3개의 핀을 더 추가한다. 이 핀들은 엔진 오너 **Position**, 엔진 오너 **Rotation**, 엔진 오너 **Scale**이다. 이 값들은 엔진 자체에서 제공되는 읽기 전용 값이며, 이 값에서 파티클 시스템을 소유한 액터의 프로퍼티를 확인할 수 있다. 여기서는 이 파티클 시스템을 소유한 액터의 위치, 회전, 크기를 요청한다.

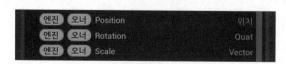

그림 7.29 엔진 오너 **Position**, 엔진 오너 **Rotation**, 엔진 오너 **Scale** 추가

이쯤에서 엔진 오너 프로퍼티를 추가한 이유가 궁금할 것이다. PlayerPosition은 월드 공간에 있는 반면, 파티클 위치는 파티클 시스템의 로컬 공간에 있다. 파티클이 PlayerPosition과 상호작용하려면, 파티클에 로컬 변환을 적용해야 한다. 이때 Apply Local Transform 노드를 추가하면 된다.[3] 그리고 이 노드에 필요한 것이 바로 파티클 시스템을 소유한 액터의 변환 값이다. 그렇기 때문에 엔진 오너 프로퍼티가 추가된 것이다. 우선 파티클 Position을 InputVector 핀에 연결한다. 그럼 나이아가라는 자동으로 위치 -> Vector^Position -> Vector 변환 노드를 추가한다. 마찬가지로, 엔진 오너 Position, 엔진 오너 Rotation, 엔진 오너 Scale 노드를 각각 Apply Local Transform 노드의 Translate, Scale, Rotate 핀에 연결한다.

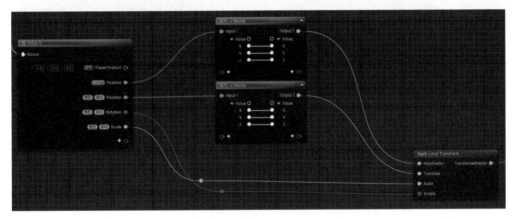

그림 7.30 Apply Local Transform 노드 추가 및 연결 설정

이제 Apply Local Transform 노드의 TransformedVector를 빼기^Subtract 노드에 연결해 PlayerPosition에서 TransformedVector를 뺄 것이다. 이때는 빼기 노드의 A 핀을 맵 가져오기 노드의 PlayerPosition 핀에 연결하고, Apply Local Transform 노드의 Transformed Vector 핀을 빼기 노드의 B 핀에 연결한다. 그러면 월드 원점이 아닌 플레이어 위치를 기준으로 하는 벡터를 얻을 수 있다.

Vector의 작동 방식을 빠르게 복습하려면, 2장의 '벡터 수학과 행렬 및 나이아가라에 적

---

3 빈 공간에서 마우스 오른쪽 버튼을 클릭해 팝업 메뉴를 연 다음, Apply Local Transform을 검색해 노드를 추가한다. 다른 노드를 추가할 때도 이와 동일한 방법을 사용하면 된다. – 옮긴이

용' 절에서 설명한 내용을 참조하자. 벡터가 지정하는 방향보다 크기가 중요한데, 이 크기는 뺄셈 결과[4]를 **길이**^{Length} 노드에 연결하면 얻을 수 있다. 그 결과, 플레이어 위치에서 각 파티클의 거리를 알 수 있다. 실제로 이 거리를 파티클을 제어할 영향 범위로 사용할 수 있으며, 영향 범위 내의 파티클만이 모듈에서 정의한 동작의 영향을 받는다. 영향 범위 또한 제한이 필요하므로 **범위제한**^{Clamp} 노드를 추가해야 한다. **Max** 값을 700.0으로 설정하자.[5] 그러면 플레이어 위치에서 700 단위 거리 내의 파티클만 영향을 받게 된다. 상황에 따라 **Max** 값은 조정하면 된다.

그림 7.31 빼기, 길이, 범위제한 노드 추가

이번에는 이펙트의 세기를 조절할 수 있도록 **곱하기**^{Multiply} 노드를 추가할 것이다. 선택 사항이지만, 자유롭게 제어하려면 이펙트를 조정할 수 있게 승수를 사용하는 것이 좋다.

일단, 파생된 길이 값을 다시 Vector2D로 변환해야 한다. 파티클의 크기 조정 효과는 언리얼 좌표계에서 XY 축인 기준 평면에 작용하기 때문이다. 그럼 먼저 범위 제한된 **길이** 값을 **Vector 만들기**^{Make Vector} 노드를 사용해 3D 벡터로 변환해야 한다. 이때 입력 값은 단순히 플로트이므로, **Vector 만들기** 플로트의 **X** 입력 핀에 연결할 것이다. 그런 다음, **X** 입력을 출력의 **X, Y, Z** 핀에 연결한다(그림 7.32a의 Vector 만들기 노드 참조). **Vector 만들기** 노드의 **X** 에서 적절한 핀으로 연결선을 드래그하면 된다. 보통은 **X**를 **X**에, **Y**를 **Y**에, **Z**를 **Z**에 연결한다. 값이 3D 벡터로 변환되면 **Vector -> Vector 2D** 노드를 사용해 **Vector 2D**로 변환한다.

---

4   **빼기** 노드의 **Result** 핀을 의미한다. – 옮긴이

5   **범위제한** 노드의 Min과 Max 핀에서 마우스 오른쪽 버튼을 클릭하고 **숫자를 다음으로 변환... > 플로트**를 선택한 후 **Max**에 700을 입력한다. – 옮긴이

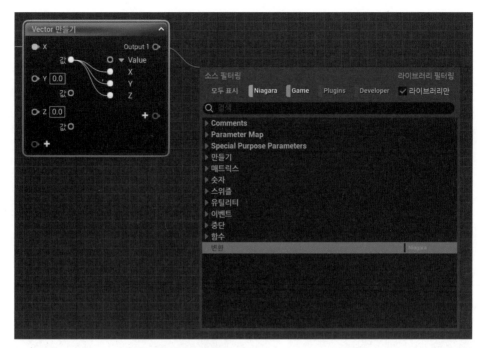

그림 7.32a 변환을 선택해 Vector –> Vector 2D 노드 추가

Vector -> Vector 2D 노드를 추가하려면, **Vector 만들기** 노드의 **Output 1** 핀에서 선을 드래그하고 팝업 메뉴에서 **변환**^{Convert}을 선택한다. 그러면 그래프에 **변환**^{Convert} 노드가 추가된다. 왼쪽 와일드카드⊙ 핀 옆의 + 기호를 클릭해 **Vector** 타입으로 변경한다. 마찬가지로 오른쪽 핀을 **Vector 2D** 타입으로 변경한다. 핀 이름을 마우스 오른쪽 버튼으로 클릭하고 **핀 편집**^{EDIT PIN} 섹션 아래의 텍스트 상자에 새 이름을 입력하되, 왼쪽 핀을 Input1, 오른쪽 핀을 Output1으로 변경한다.

그림 7.32b Vector -> Vector 2D 노드 생성하기

이 노드는 X와 Y 값만 출력하며, Z 값은 제거된다. 이제 출력을 **맵 설정** 노드의 파티클 **SpriteSize** 핀에 연결할 수 있지만, **SpriteSize**에 **곱하기** 노드를 추가해 창의적이고 유연하게 작업할 것이다.

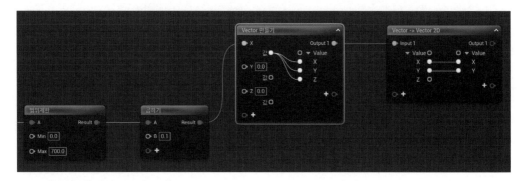

그림 7.32c 전체 변환 체인. Vector 만들기 노드의 입력 X가 출력 XYZ에 연결돼 있는 것에 유의한다.

우선 **맵 가져오기**에 입력 파라미터를 추가해 사용자로부터 승수 값을 가져와야 한다.

플로트 값 입력 핀을 추가하고 이름을 SpriteSizeMultiplier로 지정한다. 필요하면 **맵 가져오기** 노드의 다른 위치로 핀을 이동할 수 있다.

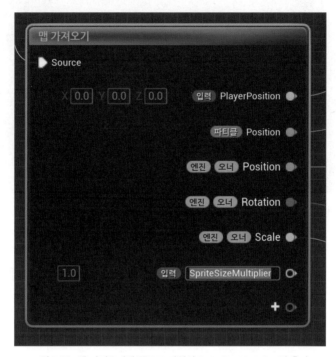

그림 7.33 맵 가져오기에 플로트 타입의 SpriteSizeMultiplier 핀 추가

이제 **맵 가져오기** 노드의 **SpriteSizeMultiplier** 핀은 **A** 핀을 통해 **곱하기** 노드에 연결할 수 있으며, **곱하기** 노드의 **B** 핀은 이전에 평가한 **Vector2D** 값을 연결한다. 이 **곱하기** 노드의 값을 **맵 설정**의 파티클 SpriteSize 핀에 연결할 것이다. 이제 사용자 정의 모듈을 테스트할 준비가 됐다. **이미터** 노드에 모듈을 이미 추가했으므로 **파티클 업데이트** 아래에 **Presence Detector**가 보일 것이다.

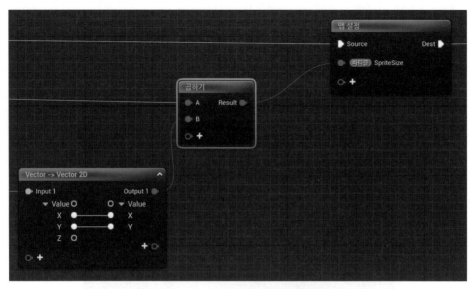

그림 7.34 곱하기 노드를 추가하고 출력을 맵 설정의 파티클 SpriteSize 핀에 연결

이제 지면에 파티클 그리드를 생성해야 한다. **이미터 업데이트**에 **Spawn Particles in Grid** 모듈을 추가해보자. 나이아가라에서는 이 모듈에 빨간색 점을 표시해 문제가 있음을 알릴 것이다. 이 문제의 추가적인 정보는 **선택** 패널에서 확인할 수 있다. 이 경우에는 작동하려는 모듈에 충족되지 않은 종속성이 있다는 알림을 받는다.

그림 7.35 Spawn Particles in Grid 모듈 옆에 빨간색 점으로 경고 표시

일반적으로 충족되지 않은 종속성은 해당 노드가 작동하려면 나이아가라에 추가 노드가 필요함을 의미한다. 하지만 항상 어떤 추가 노드인지 알기란 쉽지 않다. 다행히도 **이미터** 노드에서 해당 모듈을 선택하면, **선택** 패널에 필요한 모듈이 표시된다. 이 경우, 나이아가라에서는 **GridLocation** 모듈의 추가를 제안한다. 또한 **이슈 고침**Fix issue 버튼도 나타나는데, 종속성 모듈을 직접 추가하는 것보다 이 **이슈 고침** 버튼을 누르는 것이 더 편리하다.

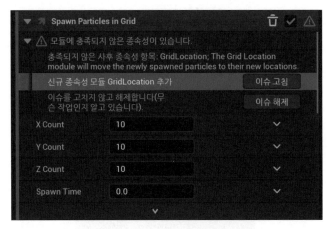

그림 7.36 나이아가라에서 GridLocation 모듈의 추가를 요청하고 이슈 고침 옵션을 제공

이슈 고침 버튼을 클릭하면, **Grid Location** 모듈이 **파티클 스폰** 섹션에 추가된다. 그러면 빨간색 오류 점도 사라지고, 다음 단계로 넘어갈 수 있다.

그림 7.37 빨간색 점이 사라지고 Grid Location 모듈이 추가됨

프리뷰 창에서 파티클이 정사각형의 그리드 모양으로 발생하는 것을 확인할 수 있다.[6]

그림 7.38 Spawn Particles in Grid 모듈이 3D 그리드로 배열된 여러 파티클을 생성한다.

파티클을 더 퍼뜨리려면, **Grid Location** 모듈의 **XYZ Dimension** 파라미터에서 **X**와 **Y**를 100.0으로 변경하면 된다. **Z** 값은 1.0으로 유지해 그리드가 지면에만 퍼지게 한다.

그림 7.39 X와 Y의 그리드 간격을 100으로 설정해 파티클 퍼뜨리기

Spawn Particles in Grid 섹션에서는 **X Count, Y Count, Z Count**를 모두 50으로 변경한

---

6 **프리뷰** 창에 아무것도 보이지 않으면, **Presence Detector** 모듈의 SpriteSizeMultiplier 프로퍼티 값이 1인지 확인한다.
   – 옮긴이

다. 이 값은 자유롭게 조정이 가능하며, 필요하면 **Z**를 1로 유지해도 된다.

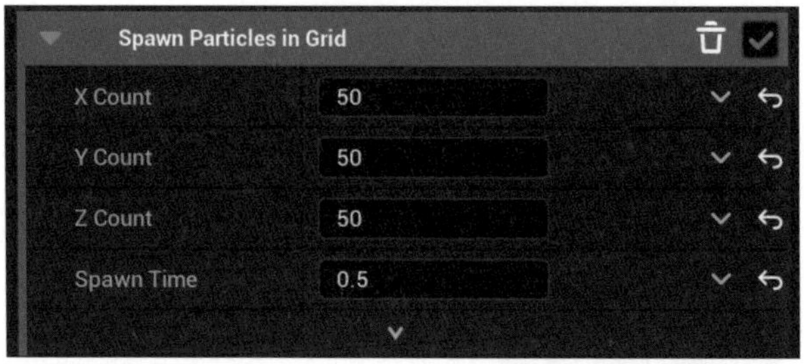

그림 7.40 Spawn Particles in Grid의 X Count, Y Count, Z Count 프로퍼티를 정의해 그리드 선의 수를 설정

프리뷰 창을 확인하면 그림 7.41과 같이 50×50의 파티클 그리드가 보일 것이다.

그림 7.41 방금 생성한 50×50 그리드

프리뷰 창에 아무것도 보이지 않으면, **Presence Detector** 모듈을 클릭하고 **선택** 패널에서 **SpriteSizeMultiplier** 값을 확인하자. 값이 0이면 1로 변경한다. 더 좋은 방법은 기본값을 1로 설정하는 것이다. 이렇게 하면 사용자 정의 모듈을 사용할 때 파티클의 크기가 0으로 설정되므로, 파티클이 보이지 않을 때 다른 사용자가 혼동하는 것을 방지할 수 있다.

그림 7.42 파라미터 패널에서 SpriteSizeMultiplier 파라미터 선택

SpriteSizeMultiplier의 기본값을 1.0으로 설정하려면 **파라미터** 패널에서 해당 파라미터를 선택한다. 그다음, **선택 디테일** 패널에서 **디폴트값** 아래의 **Default Value**를 1.0으로 변경한다.

그림 7.43 SpriteSizeMultiplier의 Default Value를 1로 변경

이제 **이미터** 노드에서 사용자 정의 모듈인 **Presence Detector**를 선택한다. **PlayerPosition**을 `0.0, 0.0, 0.0`으로 설정하고, **SpriteSizeMultiplier**를 `1.0`으로 설정한다. 그리고

Presence Detector 모듈이 활성화됐는지 확인한다.

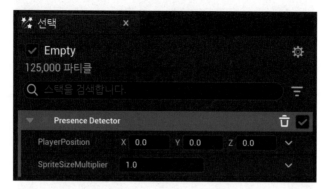

그림 7.44 기능 테스트를 위한 PlayerPosition과 SpriteSizeMultiplier의 기본값 설정

모듈 이름 옆에 파란색 체크 표시가 보이면 해당 모듈이 활성화된 것이다.

그림 7.45 활성화된 Presence Detector 모듈

모든 과정이 잘 진행됐다면, 파티클이 그림 7.46과 같은 결과로 나타날 것이다. 파티클 시스템의 중앙에는 그리드의 나머지 영역보다 작은 크기의 파티클 영역이 있어야 한다. **PlayerPosition**의 X와 Y 값을 사용해 그리드 내에서 더 작은 크기의 스프라이트 영역을 이동할 수 있다.

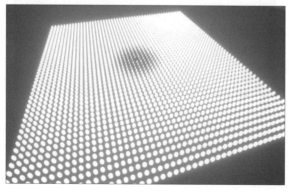

그림 7.46 Presence Detector 모듈이 활성화된 파티클 시스템의 동작

또한 더 작은 크기의 스프라이트 영역이 있는 레벨에서 파티클 시스템이 플레이어의 움직임에 따라 이동해야 할 때도 있다. 이때는 레벨에서 플레이어 캐릭터의 위치를 읽고 해당 좌표를 Presence Detector 모듈의 PlayerPosition 프로퍼티에 전달해야 한다.

이때는 **사용자**^{User} 네임스페이스에 사용자 정의 파라미터를 생성한 다음, 블루프린트를 사용해 플레이어 캐릭터의 위치를 읽고 그 위치를 사용자 정의 파라미터에 전달하면 된다. 그리고 이 사용자 정의 파라미터는 모듈의 **PlayerPosition** 파라미터에 연결된다.

사용자 네임스페이스에서 사용자 정의 파라미터를 생성하려면, **사용자 노출값**^{User Exposed} 섹션에서 + 기호를 클릭한다. 플레이어 위치를 읽고 있으므로, **Vector** 타입의 값을 생성한다.

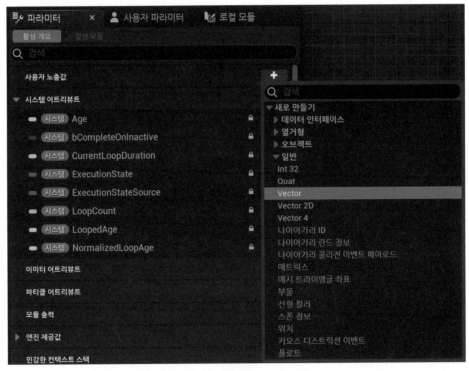

그림 7.47 사용자 노출값 섹션에서 사용자 PlayerPosition Vector 값 생성하기

이제 **사용자 노출값** 아래에 **Vector** 파라미터가 추가됐을 것이다. 이 파라미터의 이름을 PlayerPosition으로 변경하자. **Presence Detector** 모듈의 **맵 가져오기** 노드에서 선택한

것과 동일한 이름을 지정했지만, 이 파라미터는 **사용자** 네임스페이스에 있으므로 걱정하지 않아도 된다.

그림 7.48 (사용자) PlayerPosition Vector 값 생성

이번에는 새로 생성된 (사용자) PlayerPosition 파라미터를 Presence Detector 모듈의 **PlayerPosition** 파라미터에 연결할 것이다. 우선 (사용자) **PlayerPosition** 파라미터를 드래그해 **PlayerPosition** 파라미터에 놓는다. (사용자) **PlayerPosition** 파라미터를 해당 필드로 드래그하면 필드 주위에 파란색 점선의 강조 표시가 나타난다.

그림 7.49 Presence Detector 모듈의 PlayerPosition 파라미터를 (사용자) PlayerPosition에 연결

(사용자) PlayerPosition을 PlayerPosition에 놓으면, 입력 상자 대신 체인 링크가 있는 (사용자) **PlayerPosition** 레이블이 표시된다. 이제 (사용자) **PlayerPosition** 파라미터가 모듈의 **PlayerPosition** 파라미터를 제어할 수 있다는 뜻이다. 이 장에서 이후 나이아가라 시스템을 포함한 블루프린트 액터를 생성할 때는 public 변수를 사용해 (사용자) **Player Position**을 제어해볼 것이다.

그림 7.50 (사용자) PlayerPosition이 PlayerPosition을 제어하고 있음을 체인 링크 아이콘으로 표시

이러한 단계가 예상대로 잘 작동하는지 테스트해보자. 테스트 시 (사용자) **PlayerPosition**의 값을 변경하면, **PlayerPosition**도 변경돼 파티클 시스템의 동작에 영향을 줄 것이다. (사용자) **PlayerPosition**을 변경하려면, **NS_PresenceGrid** 나이아가라 시스템의 **시스템** 노드에서 사용자 파라미터를 선택한다.

그림 7.51 NS_PresenceGrid 시스템 노드의 사용자 파라미터 모듈

사용자 파라미터 패널에서는 (사용자) **PlayerPosition** 파라미터가 표시된다. 알다시피 이 파라미터는 (입력) **PlayerPosition** 파라미터를 제어하고 있다.

그림 7.52 사용자 파라미터 패널에서 (사용자) PlayerPosition 값 변경

사용자 PlayerPosition 파라미터의 X나 Y 값을 변경한 후 **프리뷰** 패널을 확인하면, 파티클 그리드에서 더 작은 크기의 스프라이트 영역이 이동하는 것을 볼 수 있다.

그림 7.53 **사용자** PlayerPosition 값을 변경하면 더 작은 크기의 스프라이트 영역이 이동한다.

이 파티클 시스템에 더 많은 기능을 추가해 발전시켜보자. 그리드 내의 파티클은 특정한 색상을 지니지만, 캐릭터 근처의 파티클은 색상이 변하게 하자. 파티클이 빨간색을 띠다가 플레이어 캐릭터가 접근하면 흰색으로 변화하도록 만든다. 즉, 플레이어가 파티클에 접근할 때 파티글의 크기가 작아지면서 색상도 바뀌는 것이다.

이 효과를 얻으려면 사용자 정의 모듈인 **Presence Detector**를 수정해야 한다.

먼저 모듈의 **맵 설정** 노드에 별도의 파라미터를 추가하자.

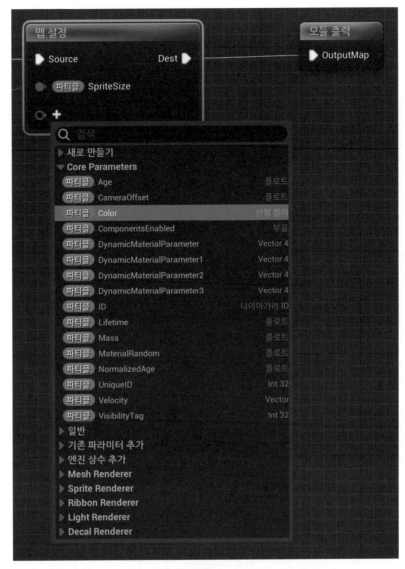

그림 7.54 맵 설정에 파티클 Color 파라미터 추가

파티클 색상을 설정해야 하므로, 이 파라미터는 파티클 **Color** 타입이 될 것이다.

그림 7.55 파티클 Color 파라미터를 추가한 후의 맵 설정 노드

이번에는 **범위제한** 노드에서 분기를 만들 것이다. 값을 0에서 **700**으로 제한했으므로, **Remap Range** 노드를 사용해 값을 0~700의 범위에서 0~1의 범위로 매핑할 수 있다. 이 값은 **맵 설정** 노드에 추가한 파티클 Color 파라미터에 입력돼 선형 컬러의 RGB 값을 정의하는 데 도움을 준다.

일반적인 상황에서는 파티클이 빨간색이어야 하므로, **Remap Range** 노드에서 나온 값을 **선형 컬러 만들기**^{Make Linear Color} 노드의 **R** 핀에 입력할 것이다. 통상 플레이어 캐릭터가 파티클에서 멀어지면 **Remap Range** 노드에서 나오는 값이 1.0에 가까워진다. 즉, **선형 컬러 만들기** 노드가 빨간색 계열을 출력한다는 것을 의미한다. 그럼 **빼기** 노드를 사용해 **Remap Range** 노드에서 나온 값을 1.0에서 빼자. 결과적으로, 플레이어 캐릭터가 파티클에 접근하면 **빼기** 노드의 출력 값이 1.0에 가까워질 것이다.

이제 빨간색에 청록색 색조를 더하면, 파티클의 색상이 빨간색에서 흰색으로 변할 것이다.[7]

7　플레이어 캐릭터가 파티클에 가까워지면, **선형 만들기 컬러** 노드에서 R은 1(빨강)이고 G와 B도 각각 1(청록색)이므로 결국 (1, 1, 1)의 흰색이 된다. – 옮긴이

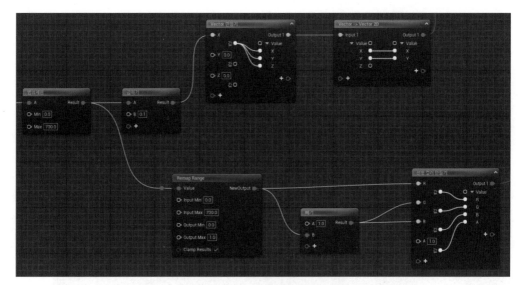

그림 7.56 Remap Range, 빼기, 선형 컬러 만들기 노드 추가하기

선형 컬러 만들기 노드의 출력 값을 앞서 추가한 **맵 설정** 노드의 파티클 Color 핀에 연결해 보자. 이제 사용자 정의 **나이아가라 모듈 스크립트** 에셋이 완성됐다.

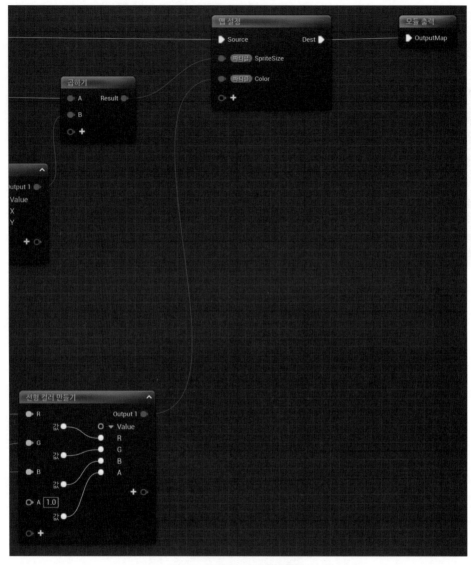

그림 7.57 선형 컬러 만들기 출력값을 파티클 Color에 연결

전체 스크립트는 그림 7.58과 같아야 한다.

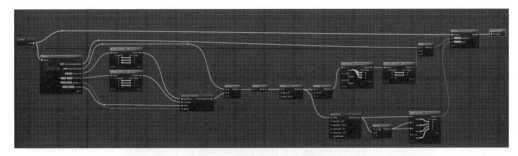

그림 7.58 전체 Presence Detector 모듈 스크립트

프리뷰 창에서 파티클 시스템은 그림 7.59처럼 전체적으로 빨간 빛을 띠며, **PlayerPosi tion**이 0.0, 0.0, 0.0으로 설정된 그리드의 중앙이 흰색으로 바뀐다. 다음은 블루프린트를 생성할 것이다. 생성한 블루프린트로 게임에서 플레이어 캐릭터(여기서는 ThirdPersonCharac ter를 사용)의 위치를 읽고, 이 정보를 나이아가라 파티클 시스템에 전달해보자.

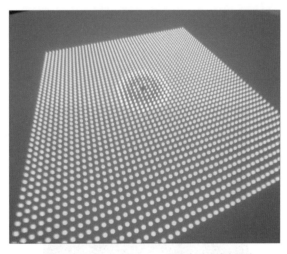

그림 7.59 Presence Detector 모듈의 결과적인 동작

나이아가라 시스템을 포함하는 블루프린트 클래스 생성하기

이제 **Presence Detector** 모듈이 준비됐고, 게임 내 플레이어의 위치에 따라 사용자 **PlayerPosition**이 조정돼야 한다. 이럴 때는 게임 내 플레이어 위치를 프레임마다 읽어

서 나이아가라 파티클 시스템에 전달해야 한다. 그러면 플레이어의 이동에 따라 파티클이 변경될 것이다.

새 블루프린트 **액터** 클래스를 생성하고 이름을 BP_PresenceDetector로 지정한다.

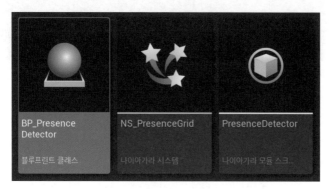

그림 7.60 BP_PresenceDetector 블루프린트 액터 클래스 생성

블루프린트를 더블 클릭해 블루프린트 에디터를 연다. 블루프린트 에디터의 **컴포넌트** 패널에서 **+추가** 버튼을 클릭하면 **컴포넌트** 메뉴가 나타난다. 그다음에는 **Niagara Particle System Component**를 선택한다.

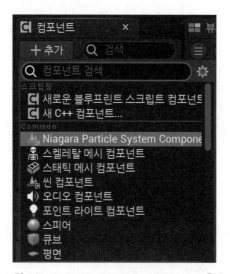

그림 7.61 Niagara Particle System Component 추가

그러면 블루프린트에 **Niagara Particle System Component**가 추가되며, 기본적으로 **Niagara**라는 이름이 지정된다. 따로 원하는 이름이 있다면 변경해도 무방하다.

그림 7.62 Niagara Particle System Component가 추가되고 이름이 기본적으로 Niagara로 지정된다.

이제 **Niagara** 컴포넌트를 선택한다. 블루프린트의 **디테일** 패널에서 **나이아가라** 패널로 이동해 **나이아가라 시스템 에셋**을 **NS_PresenceGrid**로 설정한다. **NS_PresenceGrid**는 이전에 생성한 동일한 나이아가라 시스템으로, 사용자 정의 모듈이 포함돼 있다.

그림 7.63 나이아가라 시스템 에셋을 NS_PresenceGrid로 설정

블루프린트의 **이벤트그래프**에서 플레이어 캐릭터의 위치를 읽는 기능을 추가할 것이다. 이 기능을 **틱 이벤트**^Event Tick에 추가하면 프레임마다 플레이어의 위치를 읽고 업데이트할 수 있다. 성능 때문에 좀 더 낮은 빈도로 업데이트되길 바란다면 **Set Timer by Event** 노드를 추가해도 된다.

Get Player Character 노드를 사용해 캐릭터의 정보를 구한 다음, **Get World Location** 노드를 사용해 위치를 읽을 것이다. 위치를 읽을 때는 **캡슐** 컴포넌트^Capsule Component를 선택하는 것을 추천하지만, 사용하는 캐릭터에 따라 적절한 컴포넌트를 자유롭게 선택해도 된다.

이제 **Niagara** 컴포넌트를 그래프로 드래그하자. 우선 **Niagara** 컴포넌트에서 드래그해 **Set Niagara Variable (Vector3)** 노드를 추가할 수 있다. **Set Niagara Variable** 노드에는 **Float**, **LinearColor** 등 다양한 옵션이 있다. 여기서는 설정할 변수가 **Vector3** 타입의 **사용자** **PlayerPosition**이므로 **Vector3**을 선택했다.

노드 그래프는 다음과 같이 보일 것이다.

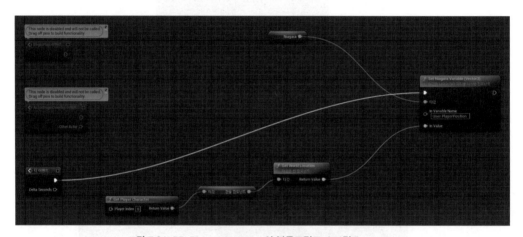

그림 7.64 BP_PresenceDetector의 블루프린트 스크립트

이번에는 **NS_PresenceGrid** 나이아가라 시스템 탭으로 이동한 후, **파라미터** 패널에서 **사용자** **PlayerPosition** 파라미터를 마우스 오른쪽 버튼으로 클릭한다. 그다음, 이 파라미터의 레퍼런스를 복사한다.

그림 7.65 사용자 PlayerPosition에서 레퍼런스 복사

다시 블루프린트 그래프로 돌아와서 **Set Niagara Variable (Vector3)** 노드의 **In Variable Name** 슬롯에 복사한 레퍼런스를 붙여넣는다. 이때 붙여넣은 텍스트는 **User.PlayerPosition**이 된다.[8] 이 **User** 네임스페이스가 중요하다. 이제 블루프린트를 테스트할 준비가 됐다.

---

8 UI상에서는 네임스페이스가 한글로 보이지만, 실제로는 영어를 가독성이 좋게 '에디터 개인설정'에서 설정한 언어(여기서는 한글)로 표시한 것일 뿐이다. 따라서 사용자 **PlayerPosition**의 레퍼런스를 복사한 뒤, **In Variable Name** 슬롯에 붙여넣으면 User.PlayerPosition이 된다. – 옮긴이

그림 7.66 그림 7.65에서 복사한 레퍼런스 붙여넣기

다음은 블루프린트를 씬으로 드래그할 차례다. 작업 편의상 파티클 시스템의 상대적인 위치 계산은 추가하지 않았다. 그렇기 때문에 파티클 시스템이 원점, 즉 (0.0, 0.0, 0.0) 위치에 있는지 확인해야 한다. 따라서 블루프린트의 **트랜스폼**^{Transform} 값을 그림 7.67과 같이 설정한다.

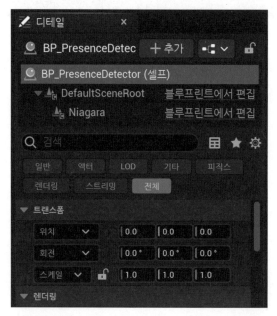

그림 7.67 BP_PresenceDetector의 위치와 회전을 (0.0, 0.0, 0.0)으로 설정

이제 나이아가라 시스템과 사용자 정의 모듈이 포함된 블루프린트가 작동할 것이다. 테스트하려면, 툴바에서 재생 버튼을 누르고 플레이어 캐릭터를 이동해보자.

그림 7.68 플레이어가 돌아다닐 때 플레이어 근처의 파티클이 더 작아지면서 빨간색에서 흰색으로 바뀜

플레이어 캐릭터가 파티클에 접근하면 파티클의 크기가 줄고 색상이 변경되므로, 파티클 시스템이 플레이어에 반응하는 것을 볼 수 있다.

요약

나이아가라 프레임워크에서 사용자 정의 나이아가라 모듈을 생성하는 방법을 알면 필요에 맞게 프레임워크의 기능을 확장할 수 있다. 나이아가라 모듈은 나이아가라 시스템의 구성 요소이며, 사용자 정의 모듈을 생성해 시스템을 특정 작업이나 시나리오에 맞게 설정할 수 있다.

이 장에서는 사용자 정의 모듈 에셋을 생성하고 단일 모듈에 복잡한 기능을 캡슐화하는 방법을 다뤘다. 다음 장에서는 사용자 정의 모듈을 시스템에서 로컬로 구현할 수 있는 다른 방법을 살펴본다.

08

로컬 모듈과 버전 관리

이제 사용자 정의 모듈에 익숙해졌으니 '로컬 모듈Local Module'이라는 다른 타입의 사용자 정의 모듈을 배워보자. 이 장에서는 이러한 로컬 모듈(이전에는 스크래치 패드Scratch Pad 모듈이라고 불림)을 생성하는 방법을 알아본다. 로컬 모듈은 복사 및 붙여넣기가 가능하고 사용자 정의 모듈로 변환할 수 있지만, 파티클 시스템에 내장돼 있다 보니 독립적으로 재사용할 수 있는 에셋은 아니다. 또한 앞으로 생성할 사용자 정의 모듈의 다양한 버전을 관리할 수 있도록 버전 관리 시스템도 소개할 것이다.

8장에서는 다음 내용을 다룬다.

- 로컬 모듈 탐색
- 모듈 게시 및 버전 관리

기술적인 요구 사항

이 책에서 작업한 프로젝트는 깃허브(https://github.com/PacktPublishing/Build-Stunning-Real-time-VFX-with-Unreal-Engine-5)에서 확인할 수 있다.

로컬 모듈 탐색

7장에서는 사용자 정의 모듈을 생성하는 방법을 익혀 기존의 나이아가라 모듈로는 불가능했던 동작을 구현할 수 있었다. 또한 사용자 정의 모듈은 다른 파티클 시스템에서 재사용이 가능했다. 그러나 다른 파티클 시스템에서 재사용할 목적이 아닌 일회성 사용자 정의 모듈이 필요할 때도 많다.

바로 이때는 로컬 모듈을 만들어 사용해야 한다. 로컬 모듈은 파티클 시스템에 내장돼 있으며 다른 파티클 시스템에서 재사용할 수 없다. 또한 로컬 모듈은 새로운 모듈을 테스트하거나 프로토타이핑할 때도 유용하다.

로컬 모듈은 나이아가라 모듈 에디터와 유사한 자체 에디터에서 편집할 수 있다.

언리얼 엔진 5.1 이상의 버전에서는 언리얼 5.0 이하의 **스크래치 패드** 패널을 대체하는 새로운 패널이 도입됐다. 이 새로운 패널을 **로컬 모듈** 패널이라 한다. 현재 모듈 에디터와 다른 패널이 분리돼 있다는 점을 제외하면, 기능은 이전 **스크래치 패드** 패널과 동일하다. 지금은 새로 생성된 로컬 모듈을 더블 클릭해 편집할 때만 모듈 에디터가 나타난다.

그림 8.1 파라미터 및 사용자 파라미터 탭과 함께 그룹화된 로컬 모듈 탭 패널

로컬 모듈이 없으면 **로컬 모듈** 패널은 비어 있다. 모듈을 생성하기 시작하면 관련 데이터로 패널이 채워진다. **모듈** 레이블 옆의 + 아이콘을 클릭해 새 모듈 생성을 시작할 수 있다. 그러나 일반적으로는 다른 방법(모듈을 추가하는 표준 과정과 유사한 방법)을 사용해 로컬 모듈을 생성한다.

그림 8.2 로컬 모듈을 생성할 때까지 비어 있는 로컬 모듈 탭 패널

로컬 모듈을 생성하는 다른 방법은 다음과 같다. **파티클 업데이트**나 **파티클 스폰**과 같이 파티클 시스템의 다양한 **이미터** 노드 섹션 중에서 + 아이콘을 클릭해 **새 모듈 추가** 팝업 메뉴를 연다. 이어서 팝업 메뉴의 하단까지 스크롤해 **새 스크래치 패드 모듈**New Scratch Pad Module을 선택하면 된다. 한편 로컬 모듈은 이전 버전에서 '스크래치 패드 모듈'이라고 했는데, 향후 버전에서는 이 메뉴 옵션이 '**새 로컬 모듈**'로 변경되길 바란다.[1]

---

1 최신 버전인 언리얼 5.3.0에서도 아직까지 옵션 이름이 변경되지 않았다. – 옮긴이

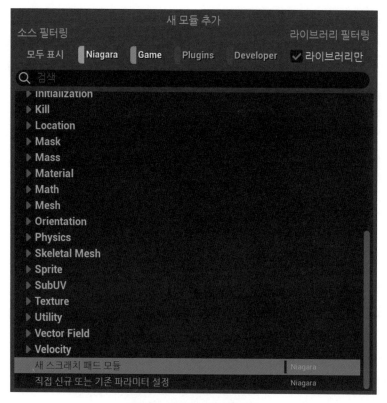

그림 8.3 새 로컬 모듈 추가하기

이제 새 **ScratchModule**이 있는 모듈 에디터로 이동하게 되며, 모듈의 이름 변경이 가능한 상태다.

또한 편집할 수 있게 템플릿 노드 그래프가 생성됐다. 이 노드 그래프에는 네 가지 중요한 노드가 있다. **InputMap** 및 **모듈 출력** 노드는 **개요** 노드 스택에서 파티클의 상태를 받아 출력한다. 그리고 **맵 가져오기** 노드에는 파티클 시스템에서 읽은 파라미터나 사용자가 입력한 프로퍼티가 추가된다.

마지막으로, **맵 설정** 노드는 파티클 시스템의 파라미터를 설정하며 결국 이 파라미터는 파티클 동작에 영향을 미치거나 다른 모듈에서 파티클에 작용하기 위해 사용될 수 있다.

그림 8.4 로컬 모듈 에디터

새로운 로컬 모듈의 이름을 LightningSparks로 변경하자. 이름은 자유롭게 정할 수 있지만, 특징이 반영된 이름이면 더 좋다.

그림 8.5 로컬 모듈 이름을 LightningSparks로 지정

이제 로컬 모듈이 **이미터** 노드에 추가될 것이다. 레이블 우측에 표시된 종이와 펜 아이콘은 이 모듈이 로컬(스크래치 패드) 모듈임을 뜻한다. 이미터 모듈은 그림 8.6처럼 보일 것이다.

그림 8.6 이미터 노드에 표시된 로컬 모듈

모듈을 사용해 번개 이펙트 만들기

하늘에서 바닥의 랜덤한 위치로 번개가 내리치는 파티클 시스템을 만들어보자. 번개의 전체적인 부분은 빨간색으로 하되, 번개의 아래쪽 부분만은 파란색으로 처리해보자.

이 작업을 수행하려면 새 나이아가라 파티클 시스템을 만들어야 한다. 이번에는 Fountain 대신에 Dynamic Beam을 시작 템플릿으로 선택하자. Dynamic Beam 템플릿에는 이 이펙트에 필요한 대부분의 것들이 이미 설정돼 있다.

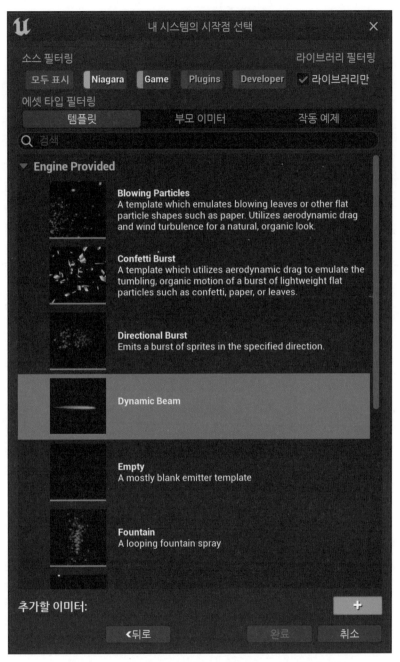

그림 8.7 Dynamic Beam 템플릿으로 나이아가라 파티클 시스템 생성

새로운 파티클 시스템의 이름을 NS_ColouredLightning으로 지정하자.

그림 8.8 파티클 시스템 이름을 NS_ColouredLightning으로 지정

NS_ColouredLightning을 더블 클릭해 나이아가라 에디터를 연다. 먼저 템플릿과 함께 제공되는 **DynamicBeam** 이미터부터 확인해보자. **Fountain** 이미터와 비교해보면 **DynamicBeam** 이미터에는 다른 모듈 세트가 있음을 알 수 있다. 즉, 여러 개의 빔beam 관련 모듈뿐만 아니라 스프라이트 렌더러를 대신하는 리본 렌더러Ribbon Renderer가 있다.

그림 8.9 프리뷰에 빔으로 나타나는 파티클 시스템

프리뷰 패널에는 직선형 수평 빔이 표시돼야 한다.

그림 8.10 DynamicBeam의 개요 노드. 렌더 그룹의 리본 렌더러 모듈에 유의한다.

이 이미터를 수정해 원하는 동작을 만들어볼 것이다. 그럼 **Emitter State** 모듈부터 시작해보자.

Emitter State 모듈에서 **Inactive Response**를 **Kill** (**Emitter and Particles Die Immediately**)로 설정한다. **Loop Duration**에서 **Random Range Float** 동적 입력을 추가한 다음, 입력 파라미터가 나타나면 **Minimum**을 0.1, **Maximum**을 0.2로 설정한다.

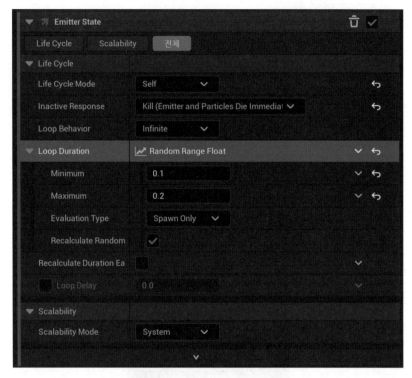

그림 8.11 Emitter State 모듈의 값 설정

이제 **Beam Emitter Setup** 모듈에 집중해보자. 여기서 몇 가지 주요 프로퍼티를 변경할 예정이다. 현재 모듈은 다음과 같이 보일 것이다.

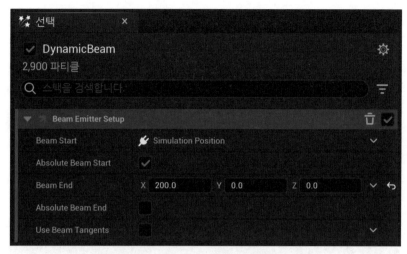

그림 8.12 수정하기 전의 Beam Emitter Setup 모듈

Beam Start는 번개가 시작될 위치를 정의한다. 이 예제에서 만든 번개는 바닥에서 시작해 하늘에 다다른다. 그러나 육안으로는 번개가 하늘에서 시작해 지면의 랜덤한 위치를 내리치는 것처럼 보여야 한다. 먼저 **Beam Start**에 **Random Range Vector** 동적 입력을 추가해보자. 여기서 번개가 칠 영역을 정의해야 한다. 400×800 크기의 직사각형 영역을 정의할 것이므로, **Minimum**의 **X**에 -200, **Y**에 -400, **Z**에 0을 입력하고, **Maximum**의 **X**에 200, **Y**에 400, **Z**에 1을 입력한다.

Beam End의 **X**에 0, **Y**에 0, **Z**에 625를 입력해 빔의 상단을 정의해보자. 이 빔은 파티클 시스템의 바닥에서 625 단위의 높이로 시작될 것이다.

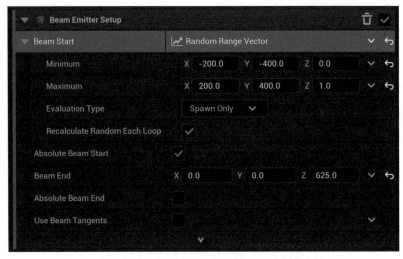

그림 8.13 Beam Start 프로퍼티에 Random Range Vector 동적 입력 추가

입력을 하고 나면 빔이 그림 8.14와 같이 작동할 것이다. 즉, 랜덤한 시작점에 높이 625
단위의 직선 빔이 생긴다.

그림 8.14 랜덤한 시작점에서 나타나는 높이 625 단위의 수직 빔

이번에는 활 형태의 살짝 구부러진 빔을 만들어 좀 더 자연스러운 번개로 표현해보자. 먼저 **Absolute Beam End**와 **Use Beam Tangents**부터 체크하자. 그럼 패널이 업데이트돼 더 많은 프로퍼티가 추가되며, **Beam Start Tangent**와 **Beam End Tangent** 프로퍼티도 패널에 추가될 것이다.

Beam Start Tangent의 **Vector** 프로퍼티를 엔진 오너 SystemXAxis^{Engine Owner SystemXAxis}에서 로컬 값으로 수정할 것이다. 그럼 동적 입력 메뉴에서 새로운 로컬 값을 선택해보자.

그림 8.15 Use Beam Tangents 체크박스를 체크하고 Beam Start Tangent Vector 값을 로컬 값으로 수정

Beam Start Tangent Vector 프로퍼티의 X에 0.4, Y에 0.5, Z에 0.6을 입력한다. 그리고 Beam End Tangent Vector 프로퍼티의 X에 1.0, Y에 1.0, Z에 -0.2를 입력한다. 원하는 대로 이 값을 수정해도 된다. 이러한 값을 수정하면 빔의 시작과 끝 탄젠트 값이 변하므로, 빔의 곡률이 변경된다.

그림 8.16 Beam Start Tangent와 Beam End Tangent의 Vector 프로퍼티 값 설정

현재 이 빔은 한 곳에 그대로 있는 것처럼 보여 기대했던 번개의 모습과는 거리가 멀다. 번개를 자연스럽게 표현하려면 빔의 모양이 번개처럼 빠르게 바뀌어야 한다. 그렇다면 이번에는 빔의 **Lifetime**을 줄여보자. **Initialize Particle** 모듈의 **Lifetime** 프로퍼티를 0.02로 변경한다.

그림 8.17 더 빨리 빔의 모양이 바뀌도록 Lifetime을 0.02로 설정

또한 빔의 굵기가 일정한 상태에서 번개의 움직임 폭이 랜덤하면 훨씬 현실감 있는 번개 모습이 될 것이다. **Beam Width** 모듈에는 **Float from Curve** 동적 입력이 있어 DynamicBeam을 눈물방울 모양으로 변형할 수 있다. 이번에는 **Float from Curve**를 제거하고 **Random Range Float**로 대체한다.

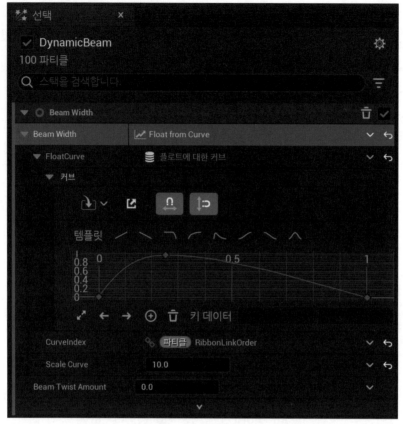

그림 8.18 Dynamic Beam 템플릿의 Beam Width 프로퍼티에서
Float from Curve를 Random Range Float로 변경

Beam Width의 Minimum을 5로, Maximum을 20으로 설정한다. 변형을 좀 더 주고자
Beam Twist Amount를 90으로 설정한다. 이제 번개의 폭이 더 랜덤하게 변할 것이다.

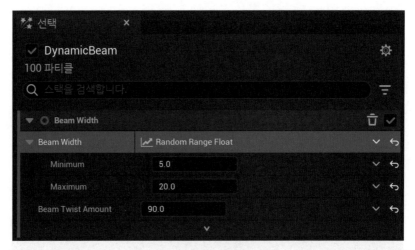

그림 8.19 Beam Width의 Minimum과 Maximum 값을 설정하고, Beam Twist Amount를 90으로 설정한다.

이제 번개를 활 모양의 곡선으로 만들어야 한다. 곡선으로 보이게 하려면, **리본 렌더러** 모듈에서 **리본 테셀레이션**Ribbon Tessellation 아래의 **커브 텐션**Curve Tension 값을 0.5로 변경한다. 이제 **DynamicBeam**은 지면의 랜덤한 위치를 내리치는 부드러운 곡선 빔으로 표현될 것이다.

그림 8.20 커브 텐션 프로퍼티를 사용해 빔의 곡률을 조정

또한 번개처럼 보이려면 빔을 삐쭉삐쭉하게 만들어야 한다. 이 효과는 **파티클 업데이트** 섹션에 **Jitter Position** 모듈을 추가하면 만들 수 있다.

그림 8.21 Jitter Position 모듈 추가

Jitter Position 모듈에서 Jitter Amount를 10으로 설정한다.

그림 8.22 Jitter Position 모듈의 Jitter Amount를 10.0으로 설정

현재 설정 상태로는 **프리뷰** 창에서 번개를 확인하기가 조금 어렵다. **Dynamic Beam** 템플릿의 **Color** 모듈이 번개의 강도를 감소시키고 있기 때문이다. 따라서 **Color** 모듈이 비활성화되도록 체크를 해제하자.

그림 8.23 Color 모듈 비활성화

이제 **프리뷰** 창을 보면 지면의 랜덤한 지점으로 삐쭉삐쭉한 번개가 치는 것을 볼 수 있다. 현재 **Color** 모듈을 비활성화했기 때문에 번개는 흰색이다.

그림 8.24 DynamicBeam 노드의 수정 사항을 모두 반영한 번개의 동작

예제를 시작할 때 언급했듯이 번개가 전체적으로 빨간색으로 빛나되, 지면에 닿는 부분만은 파란색으로 빛나야 한다.

하지만 기존 모듈로는 이 효과를 만들 수 없다. 따라서 사용자 정의 모듈을 만들어야 한

236

다. 그러나 새로운 별도의 사용자 정의 모듈을 만드는 대신, 이 파티클 시스템의 일부로만 사용될 로컬 모듈을 만드는 방법도 있다.

이 로컬 모듈을 **파티클 업데이트**에 추가해야 한다.

파티클 업데이트 레이블 옆의 **+** 버튼을 클릭하고 메뉴에서 **새 스크래치 패드 모듈**을 선택한다.

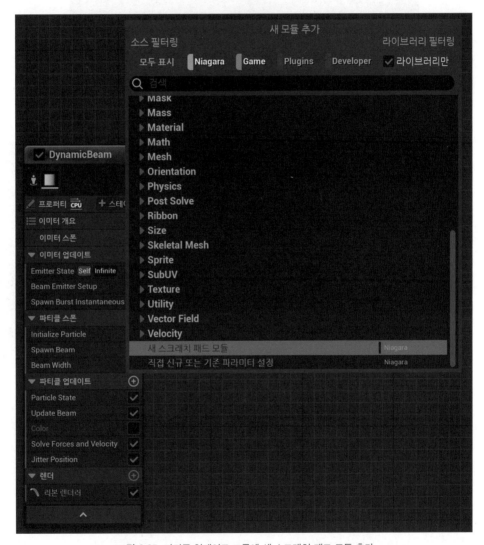

그림 8.25 파티클 업데이트 그룹에 새 스크래치 패드 모듈 추가

로컬 모듈 에디터 인터페이스로 전환되며, **스크래치 스크립트 매니저**^{Scratch Script Manager} ➤ **모듈**^{Modules} 섹션에서 모듈 이름을 **ModifyColor**로 변경한다.

그림 8.26 스크래치 스크립트 매니저에서 로컬 모듈의 이름을 ModifyColor로 지정

그러면 템플릿 노드 그래프가 생성된다. 아마 별도의 사용자 정의 나이아가라 모듈을 생성했을 때와 동일한 워크플로라 생각했을 것이다.

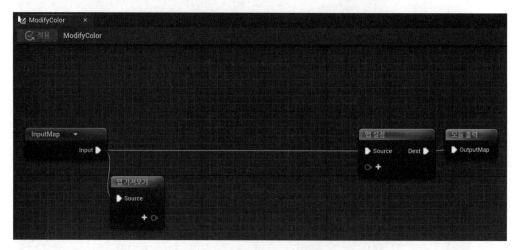

그림 8.27 시작할 때 사용 가능한 동일한 노드를 지녔다는 점에서
ModifyColor 로컬 모듈과 사용자 정의 모듈은 서로 유사하다.

지면을 내리치는 빔의 끝부분은 특정 길이만큼 파란색이어야 한다. 또한 빔은 실제로 지면에서 시작해 Z 방향으로 645 단위의 끝점까지 이동한다는 점을 기억하자.

빔의 빛 줄기는 시작점에서 끝점까지 일련의 파티클로 이뤄져 있다. 각 파티클에는 **파티클 인덱스**^{Particle Index}가 있으며, 첫 번째 파티클의 인덱스는 0이다. 인덱스 번호는 빔의 길이를 따라 증가한다. 이제 특정 인덱스 번호보다 작은 인덱스를 가진 파티클을 식별해 파란색으로 바꾸고, 나머지 파티클은 빨간색으로 만들어보자.

우선 **맵 가져오기** 노드에서 파티클 ID부터 읽어야 한다. **맵 가져오기** 노드의 회색 핀(○) 옆에 있는 + 기호를 클릭하고 팝업 메뉴에서 파티클 ID를 선택한다.

그림 8.28 맵 가져오기 노드에 파티클 ID 파라미터 추가

이 (파티클) ID는 구조체이며 인덱스만 필요하기 때문에 분리돼야 한다. (파티클) ID 구조체를 분리하려면, **맵 가져오기** 노드의 회색 핀 옆에 있는 + 기호를 클릭하고 팝업 메뉴에서 **나이아가라 ID 끊기**$^{Break\ Niagara\ ID}$ 노드를 추가한다. **나이아가라 ID 끊기** 노드의 출력 핀 중에 **인덱스**^{Index} 핀이 있을 것이다. 이 인덱스 핀에서 드래그해 **Greater Than** 노드를 추가한다. 그다음 **Greater Than** 노드를 사용해 인덱스가 10보다 작은 파티클을 찾는다. **Greater Than** 노드는 부울^{Boolean} 값을 반환하는데, 이 부울 값에 따라 번개 파티클의 색상을 결정할 것이다. 즉, 부울 값이 true이면 파티클을 빨간색으로, false이면 파티클을 파란색으로 만들 것이다.

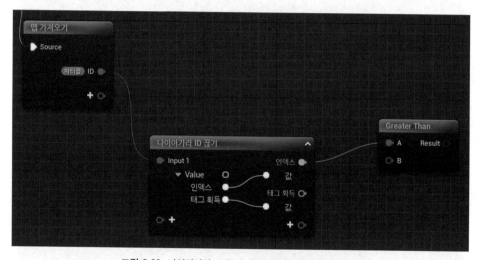

그림 8.29 나이아가라 ID 끊기 및 Greater Than 노드 추가

Greater Than 노드의 **A** 값과 10으로 설정할 **B** 값을 비교한다. 그러면, 인덱스가 10보다 작거나 같은 파티클을 찾을 수 있다. 그러나 그에 앞서 **B** 값을 32비트 정수로 변환해야 한다. **B** 값을 32비트 정수로 변환하지 않으면, 노드에서 10의 비교 값을 입력할 적절한 슬롯을 얻을 수 없다. 변환을 하려면 **B** 핀을 마우스 오른쪽 버튼으로 클릭한 다음, **숫자를 다음으로 변환...**$^{Convert\ Numeric\ To...}$ > **Int 32**를 선택하면 된다.

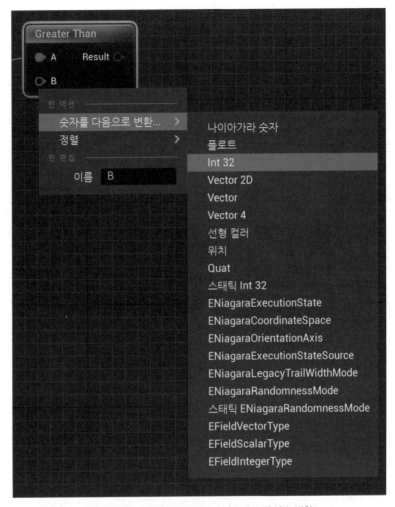

그림 8.30 B 핀을 숫자에서 Int 32(32비트 정수)로 변환

B가 정수로 변환돼 핀의 색상이 파란색에서 녹색으로 변경된다. 이제 B의 값에 10을 입력하자. 또한 B 값을 변경해 번개 끝부분의 파란색 길이를 조절해도 된다.

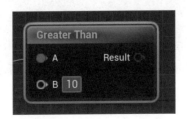

그림 8.31 B 핀의 값을 10으로 설정

이제 **Greater Than** 노드에서 반환된 부울 결과를 기반으로 번개에 색상을 적용해보자. 어떤 색상을 적용할지는 **선택/If** Select/If 노드로 결정되며, 이 노드가 추가되면 레이블이 **선택**Select으로 지정된다. 노드를 추가하려면, 마우스 오른쪽 버튼을 클릭하고 **선택/If** 옵션을 선택한다. 그다음, **Greater Than**의 **Result** 핀을 **선택** 노드의 **Selector** 핀에 연결한다.

선택 노드에는 입력 및 출력에 대한 **NiagaraWildcard** 값이 있다. **NiagaraWildcard** 타입을 사용하면 해당 데이터를 모든 타입의 나이아가라 데이터로 변환할 수 있다. 여기서는 **NiagaraWildcard**를 **LinearColor**로 변환한 다음, 번개에 적용해볼 것이다.

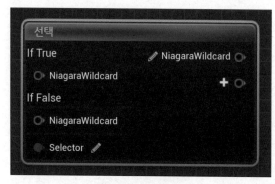

그림 8.32 선택 노드

와일드카드 값을 **LinearColor**로 변환하려면, **NiagaraWildcard** 레이블이 있는 출력 핀 왼쪽의 연필 아이콘을 클릭한다.

그림 8.33 연필 아이콘을 클릭해 NiagaraWildcard 핀의 데이터 타입을 변경한다.

팝업 메뉴에서 **선형 컬러**를 선택한다. 이제 모든 핀이 LinearColor로 변환된다.

그림 8.34 선형 컬러 데이터 타입 선택

입력 **LinearColor** 핀의 기본값은 흰색으로 설정된다.

그림 8.35 데이터 타입이 변경된 선택 노드. 입력 핀의 데이터 타입도 변경됐음에 유의한다.

여기에는 2개의 입력 핀이 있다. 입력 핀에서 출력 핀으로 전달되는 값은 **Selector**의 부울 값이 **True**인지 **False**인지에 따라 달라진다. 파티클 인덱스가 10보다 크면 파티클이 빨간색이 되고, 10보다 작으면 파티클이 파란색이 돼야 한다. 또한 색상도 빛나야 한다. 먼저 입력 **LinearColor** 노드 옆의 색상 샘플을 클릭해 색상을 설정해보자. **True Linear Color** 입력에는 빨간색을 선택하고, **False LinearColor** 입력에는 파란색을 선택한다. 또한 색상이 빛날 수 있게 HSV의 **V**를 500으로 설정한다.

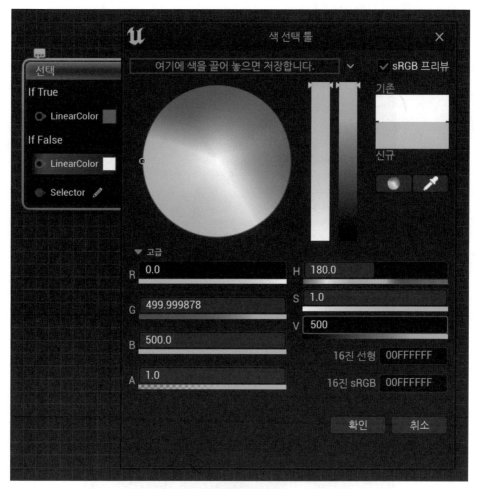

그림 8.36 선택 노드에서 LinearColor 핀의 색상 설정

시스템의 파티클 색상은 **선택** 노드의 출력 핀에서 방출되는 색상에 따라 달라진다. 앞서 봤듯이 **선택** 노드에서 **Selector** 핀의 입력이 true이면 빨간색을, false이면 파란색을 사용한다. 이 true/false는 **Greater Than** 노드에서 결정된다. **선택** 노드에서 나온 색상을 적용하려면, **맵 설정** 노드에 파티클 Color 핀을 추가해야 한다. 먼저 **맵 설정** 노드에서 + 아이콘을 클릭해 파티클 Color 핀을 추가하자.

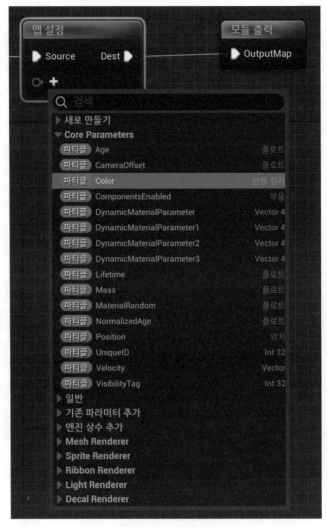

그림 8.37 맵 설정 노드에 파티클 Color 핀 추가

그다음, **선택** 노드의 **LinearColor** 출력 핀을 **맵 설정** 노드의 파티클 **Color** 핀에 연결한다.

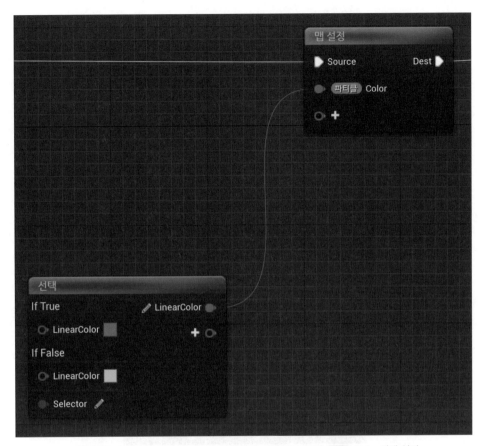

그림 8.38 선택 노드의 LinearColor 출력 핀을 맵 설정 노드의 파티클 Color 핀에 연결

로컬 모듈의 컴파일에 앞서 몇 가지 작업이 선행되지 않으면 오류 메시지가 뜰 수 있다.

먼저 **이미터 프로퍼티** 모듈에서 **로컬 스페이스**^{Local Space} 체크박스를 체크해야 한다. 그러면 나이아가라 이미터의 위치에 따라 **Beam End** 값이 이동한다. 그런데 만약 **로컬 스페이스** 가 체크되지 않으면, 이미터 빔 끝 위치는 나이아가라 이미터 변환 값과 관계없이 특정 월드 좌표(이 경우 월드 원점)에 고정돼 버린다. 즉, 이 옵션을 체크하지 않으면 파티클 이펙트 는 나이아가라 시스템이 있는 위치가 아닌 월드 원점에서 끝나게 된다.

또한 **퍼시스턴트 ID 필요**^{Requires Persistent IDs} 체크박스도 체크해야 한다. 그래야 로컬 모듈에 서 **Greater Than** 노드를 사용해 파티클 ID를 비교할 수 있기 때문이다.

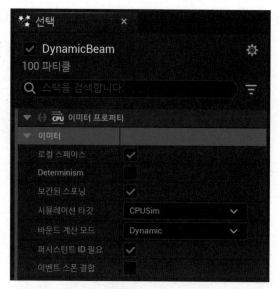

그림 8.39 이미터 프로퍼티 모듈에서 로컬 스페이스 및 퍼시스턴트 ID 필요 체크박스에 체크 설정

파티클 시스템과 로컬 모듈 작업이 완료됐다. 파티클 시스템에 적용된 로컬 모듈의 동작을 보고 싶다면, 모듈 에디터 패널 상단의 **적용**Apply 버튼을 클릭한다.

그림 8.40 로컬 모듈을 적용하려면 적용 버튼을 클릭한다.

그 결과, 번개의 대부분이 빨간색이면서 번개의 끝부분만 파란색이고 번개의 움직임도 랜덤하다. 구상한 대로 파티클 시스템이 작동하는 것을 알 수 있다.

그림 8.41 로컬 모듈을 사용해 얻은 최종 결과

설명을 모두 따랐다면 **DynamicBeam** 이미터는 그림 8.42처럼 보일 것이다. 하지만 일부 모듈에 빨간 점이 있을 수도 있다. 이러한 현상은 UI 새로 고침이 되지 않아 발생한 버그로, 빨간 점이 있는 모듈을 클릭하면 문제가 해결된다.

그림 8.42 모든 변경 사항 적용 후의 DynamicBeam 이미터

이 절에서는 리본 렌더러를 배우고, 실제로 로컬 모듈을 사용하는 방법도 알아봤다.

모듈을 개발하고 팀과 공유하게 되면 모듈의 다양한 버전을 추적하는 것이 중요해진다.
다음 절에서는 이 프로세스를 어떻게 관리하는지 살펴본다.

⫸ 모듈 게시 및 버전 관리

파티클 에셋은 개발 중인 단계뿐만 아니라 실제 프로덕션에서 사용 중일 때도 계속 작업이 이뤄진다. 따라서 모듈에 더 많은 기능이 추가되면 새로운 버전의 모듈을 출시해야 할 수도 있다. 하지만 프로덕션에 사용되는 모든 파티클 시스템을 최신 버전의 모듈로 업데이트할 필요는 없다. 모듈이 업그레이드될 때 주요 변경 사항이 있으면, 예전 버전의 모듈을 사용하는 파티클 시스템이 작동을 멈출 수 있기 때문이다. 일반적으로 버전을 관리할 때는 버전 관리 시스템을 사용한다. 그러나 나이아가라 모듈을 개발하다 보면 특정 파티클 시스템이 필요할 수도 있다. 바로, 프로덕션에서 예전 버전의 모듈을 유지하다가 필요시 새로운 버전으로 전환하는 경우다.

나이아가라는 모듈 관리를 위해 내부에 자체적인 버전 관리 시스템을 두고 있다. 그래서 모듈을 업데이트할 때 버전 번호를 업데이트해 어떤 버전의 모듈이 프로덕션에 사용되는지 확실히 선택할 수 있다.

이전 장에서 작업한 **Presence Detector** 모듈을 업데이트하고, 기존의 빨간색 파티클 대신 녹색 파티클로 새 버전을 만든다고 가정해보자. 이때, 녹색 파티클의 새 모듈이 게시된 후에도 레벨에서 사용되는 기존 파티클 시스템은 자동으로 업데이트되면 안 된다. 일부 파티클 시스템이 승인된 채 프로덕션에서 사용 중일 수 있기 때문이다.

그림 8.43 기존의 Presence Detector 모듈

생성한 파티클이 그림 8.43과 같은지 확인하려면 **Spawn Particles in Grid**에 다음의 값을 사용한다.

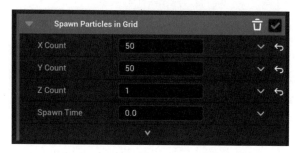

그림 8.44 X Count, Y Count , Z Count 값 조정

Presence Detector의 **SpriteSizeMultiplier**에 다음 값을 사용한다.

그림 8.45 SpriteSizeMultiplier를 0.4로 설정

이제 **Presence Detector** 모듈을 변경하고 해당 버전을 업그레이드하는 프로세스를 시작할 것이다. 버전 업그레이드를 관리하는 데는 언리얼에 내장된 버전 관리 시스템을 사용한다. 버전 관리 시스템을 사용하려면 먼저 활성화부터 해야 하는데, 나이아가라 모듈 스크립트 에디터 상단에 있는 **버전 관리**^Versioning 버튼을 클릭하면 된다.

그림 8.46 버전 관리 버튼을 클릭해 버전 관리 시스템 활성화

그럼 새로운 **버전 관리** 패널에 버전 관리 시스템을 활성화했을 때의 장단점에 유의하라는 메시지가 뜬다. 메시지의 내용을 살펴보면, 해당 모듈을 사용하는 기존 에셋에 영향을 미치지 않고 모듈을 변경할 수 있지만 사용자가 직접 새로운 버전으로 업데이트해야 한다는 내용이다. 그럼 **버전 관리 활성화**^Enable versioning 버튼을 클릭한다.

그림 8.47 버전 관리 활성화 버튼을 클릭해 대화 상자 닫기

이제 나이아가라 모듈 스크립트 옆에 모듈의 버전 번호를 나타내는 추가 텍스트가 표시될 것이다.

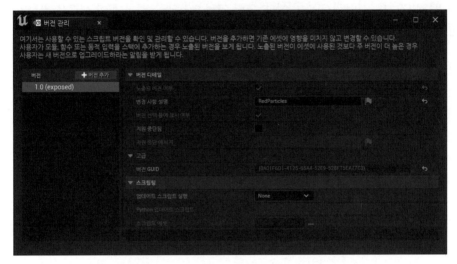

그림 8.48 버전을 추가하고 관리할 수 있는 버전 관리 패널

첫 번째 버전에서는 '나이아가라 모듈 스크립트 – Version 1.0^Niagara Module Script - Version 1.0'과 같은 내용이 표시된다.

버전이 1개뿐이라면, 그 버전이 곧 노출된 버전^exposed version이다. 따라서 이 버전의 모듈을 수정하면 시스템 전체에 걸쳐 해당 모듈을 사용하는 에셋에 자동으로 푸시^push된다.

나이아가라 모듈 스크립트 - Version 1.0

그림 8.49 모듈 스크립트를 버전 1.0으로 표시하는 모듈 에디터

노출된 버전을 변경하려고 하면 나이아가라가 경고 메시지를 띄울 것이다.

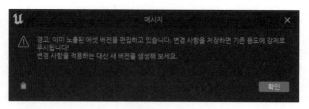

그림 8.50 노출된 버전을 편집하기 시작하면 경고를 표시하는 나이아가라

버전을 변경하더라도 해당 모듈을 사용하는 기존 에셋이 영향을 받지 않게 하려면, **버전 관리** 패널에서 **+버전 추가**^{+Add version} 버튼을 클릭해 새 버전을 생성해야 한다. 그러면 해당 버전을 변경해도 아무런 영향이 없다. 또한 그림 8.48과 유사하게 이 새로운 버전의 **변경 사항 설명**^{Change Description} 정보를 추가하자.

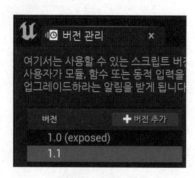

그림 8.51 버전 1.1 추가

새로운 버전으로 전환해 편집하려면 **버전 관리** 패널의 햄버거 메뉴⑩에서 새 버전을 선택하면 된다. 그럼 모든 버전이 나열되는데, 여기서 원하는 버전을 선택하고 편집하면 된다.

그림 8.52 햄버거 메뉴를 클릭해 버전 전환

한편 노출되지 않은 **v1.1**을 선택했을 때는 여기서 변경한 내용이 기존 모듈을 사용하는 에셋에 자동으로 푸시되지 않는다. 에디터의 레이블은 그림 8.53과 같이 작업 중인 버전으로 변경된다.

나이아가라 모듈 스크립트 - Version 1.1

그림 8.53 모듈 에디터가 새로운 버전 번호를 표시

이번에는 **Presence Detector** 모듈을 몇 가지 변경해보자. **선형 컬러 만들기** 입력 핀의 연결 순서를 변경해 빨간색 대신 녹색을 만들 것이다.

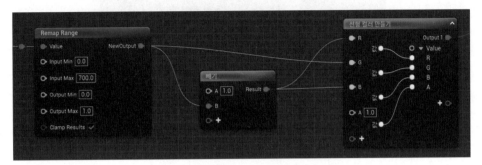

그림 8.54 선형 컬러 만들기 노드의 입력 핀 재배열

NOTE

그림 8.54와 7장의 그림 7.56을 비교해 핀의 흐름을 살펴보자.

모듈에 이러한 변경 사항을 저장할 수는 있지만, 이 변경 사항은 **NS_PresenceGrid** 파티클 시스템에 자동으로 푸시되지 않는다. 따라서 파티클 시스템에서 사용되는 활성 버전을 직접 변경해야 한다.

파티클 시스템에서 v1.1을 활성 버전으로 만들려면, **이미터 개요** 노드에서 **Presence Detector** 모듈을 선택한다. 그럼 **선택** 패널에서 레이블 옆에 꼬여 있는 화살표 아이콘이 보일 것이다.

꼬여 있는 화살표 아이콘을 클릭하면 사용 가능한 버전이 표시된 메뉴가 열린다. 활성 버전은 버전 옆에 *가 표시된다. 이제 v1.1로 전환해보자.[2]

---

2   모듈을 새 버전으로 전환한 후에는 되돌릴 수 없는 경우도 간혹 있으므로, 우선 프로젝트를 저장한 다음에 새 버전으로 바꿔서 문제가 없는지 확인해보자. – 옮긴이

그림 8.55 NS_PresenceGrid 파티클 시스템에서 최신 버전의 Presence Detector 모듈로 전환

이제 새로운 버전의 사용자 정의 모듈 이펙트를 볼 수 있게 파티클 시스템의 동작이 변경될 것이다. 예전 버전으로 다시 전환하려면 꼬여 있는 화살표 아이콘을 클릭하고 **v1.0**을 선택하면 된다.

그림 8.56 업데이트된 NS_PresenceGrid 파티클 시스템

게시 및 버전 관리 워크플로를 사용하면 레벨 디자인과 파티클 시스템 에셋 생성이 동시에 진행되는 병렬 워크플로를 쉽게 관리할 수 있다.

드디어 로컬 모듈과 버전 관리를 다뤘던 이 장의 마지막에 도착했다.

⁝▶ 요약

로컬 모듈을 사용하는 것은 사용자 정의 모듈을 작동시키는 편리하고 빠른 방법이며 프로토타이핑에 매우 유용하다. 또한 사용자 정의 모듈은 지속적인 개발과 확장이 이뤄지므로 관리가 필요하다. 나이아가라의 버전 관리 시스템을 이해하고 나면, 사용자 정의 모듈과 시스템을 향후 업데이트될 프레임워크와 호환시킬 수 있다. 따라서 모듈을 새 버전으로 업그레이드할 때 오류나 예상치 못한 동작의 위험을 최소화하는 데 도움이 된다.

이 장에서는 로컬 모듈이라는 다른 타입의 사용자 정의 모듈을 살펴봤다. 또한 나이아가라의 버전 관리 시스템을 사용해 모듈의 새 버전을 추적하는 방법도 다뤘다. 다음 장에서는 파티클 시스템의 여러 이미터가 서로 정보를 전달할 수 있도록 해주는 이벤트와 이벤트 핸들러를 배울 것이다.

09

이벤트와 이벤트 핸들러

이번 장에서는 이벤트와 이벤트 핸들러를 다룬다. 나이아가라에서 이벤트와 이벤트 핸들러를 사용하면 이미터 간에 정보를 전달해 서로 의존 관계에 있는 이펙트를 제어할 수 있다. 이러한 특징을 활용해 흥미로운 이펙트도 만들 수 있는데, 실제로 이벤트와 이벤트 핸들러로 만들 수 있는 파티클 동작을 몇 가지 살펴본다. 튜토리얼을 참고해 폭죽, 빗방울, 로켓 궤적 동작을 직접 생성해보면 이해하는 데 도움이 될 것이다.

9장에서는 다음 내용을 다룬다.

- 이벤트와 이벤트 핸들러란 무엇인가?
- 튜토리얼 – 폭죽을 만드는 방법

⋙ 기술적인 요구 사항

언리얼 엔진 5.1 이상이 필요하며 설치 과정은 1장에서 설명했다.

이 책에서 작업한 프로젝트는 깃허브[https://github.com/PacktPublishing/Build-Stunning-Real-time-VFX-with-Unreal-Engine-5]에서 확인할 수 있다.

⫶ 이벤트와 이벤트 핸들러란 무엇인가?

복잡한 파티클 시스템을 만들어 작동시키려면 시스템의 여러 이미터가 서로 상호작용을 해야 한다. 예를 들어 폭죽 이펙트를 만들 때는 파티클이 지면에서 하늘로 치솟았다가 사라지면서 부수적으로 반짝이는 이펙트가 생성돼야 한다. 또한 빗방울을 만들 때는 각각의 물 파티클이 지면에 떨어지면 물이 튀는 파티클 이펙트가 생겨야 한다. 이벤트와 이벤트 핸들러를 사용하면 이러한 종류의 이펙트를 만들 수 있다. 파티클은 파티클의 수명 동안 발생하는 특정 이벤트를 생성한다. 이벤트 핸들러는 이러한 이벤트를 감지해 응답하며, 응답의 방식은 프로퍼티나 동작의 변화 또는 파티클 스폰으로 나타날 수 있다. 예를 들어 빗방울 이펙트는 물 파티클이 지면에 떨어지면 **Collision** 이벤트를 생성한다. 그러면 이벤트 핸들러를 트리거해 물이 튀는 이펙트를 생성하는 부가적인 파티클을 스폰한다.

이벤트는 CPU 시뮬레이션에서만 작동한다. 또한 파티클 인덱싱을 활성화하려면, **이미터 프로퍼티**에서 **퍼시스턴트 ID 필요**Requires Persistent IDs 체크박스를 체크해야 한다. 퍼시스턴트 ID 없이는 파티클을 추적할 수 없다.

나이아가라에는 세 가지 이벤트 모듈이 있다.

- 위치Location
- 소멸Death
- 충돌Collision

이 세 가지 모듈은 **이미터** 노드에 추가될 때 대응하는 이벤트를 생성하는 데 사용된다. 예를 들어, **Location** 모듈을 추가하면 **Generate Location Event**를 사용할 수 있게 된다. 그리고 모듈이 없으면 이벤트를 생성할 수 없다.

이제 이벤트가 어떻게 수신되는지를 알아보자. 이벤트를 수신하려면 이미터에 **이벤트 핸들러**Event Handler 스테이지를 추가해야 한다. **이미터** 노드에 **이벤트 핸들러** 스테이지가 추가되고 나면, 생성된 이벤트에 대응하는 모듈을 추가해 이벤트를 수신할 수 있다. 예를 들어 **Location** 이벤트가 생성된 상태라면, **Receive Location Event**가 있어야 한다.

예상대로, 이벤트를 수신하려면 시스템에서 2개의 이미터가 필요하다. 하나는 이벤트를 생성하고, 다른 하나는 이벤트를 처리한다. 이해를 돕고자 이벤트와 이벤트 핸들러를 통합하는 나이아가라 시스템을 만들어볼 것이다.

⫸ 튜토리얼 – 폭죽을 만드는 방법

다음 튜토리얼에서는 세 가지 이벤트 모듈을 모두 사용해 폭죽을 만들 것이다. 그럼 시작해보자.

1. EventDispatcher라는 새 폴더를 만들고 이 폴더에 2개의 이미터를 생성한다. 첫 번째 이미터의 이름은 Receiver로, 두 번째 이미터의 이름은 Sender로 지정하자.

그림 9.1 Receiver와 Sender라는 2개의 이미터 생성

Sender 이미터에는 **Fountain** 템플릿을 사용한다.

그림 9.2 Sender는 Fountain 템플릿을 사용

그리고 **Receiver** 이미터에는 **Omnidirection Burst** 템플릿을 사용한다.

그림 9.3 Receiver는 Omnidirectional Burst 템플릿을 사용

어떤 이미터가 이벤트를 생성하고(Sender) 어떤 이미터가 이벤트를 수신하는지
(Receiver) 이해하기 쉽도록 이미터의 이름을 이러한 방식으로 지정했다. 이름은 기
능적인 부분과 아무런 관련이 없으므로 편한 것으로 사용하면 된다.

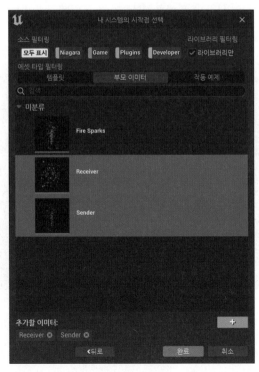

그림 9.4 Receiver와 Sender 이미터를 포함하는 NS_EventHandlerExample 나이아가라 시스템 생성

2. 이제 이러한 이미터를 포함하는 나이아가라 시스템을 생성할 것이다. 이 시스템의 이름을 NS_EventHandlerExample로 지정하자. 시스템을 생성할 때 **부모 이미터**^{Parent Emitters} 탭에서 **Sender**와 **Receiver** 이미터를 선택해 이 시스템에 추가한다.

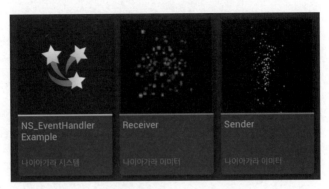

그림 9.5 NS_EventHandlerExample 나이아가라 파티클 시스템 아이콘과 Receiver 및 Sender 이미터 아이콘

3. 나이아가라 시스템을 생성하는 예제에서 이미 살펴봤듯이, 나이아가라 에디터에 서 **NS_EventHandlerExample** 파티클 시스템을 열면 그림 9.6과 같이 선택된 템플 릿 제공 모듈이 있는 **이미터** 노드와 **시스템** 노드가 생긴다.

이 파티클 시스템에서 이벤트와 이벤트 핸들러 기능을 활성화할 것이다. 언리얼 엔진 4에서는 이벤트 핸들러가 **이미터** 노드에서 보이고 사용 가능한 상태였다. 그 러나 언리얼 엔진 5에서는 기본적으로 이러한 모듈이 표시되지 않는다. 따라서 이 벤트와 이벤트 핸들러를 활성화하려면 추가적인 단계가 필요한데, 자세한 사항은 이 장의 후반부에서 다룰 것이다.

그림 9.6 NS_EventHandlerExample 파티클 시스템 편집

4. 이번에는 **Receiver** 이미터를 약간 수정해 창의적인 작업을 해보자. **타임라인** 패널
   에서 **Receiver** 이미터의 키프레임은 0에 있을 것이다. 그 키프레임을 선택하고 삭
   제한다.[1]

---

1 키프레임을 삭제하려면, 삭제할 키를 선택한 후 **Delete** 키를 누르거나 마우스 오른쪽 버튼을 클릭한 후 **키 삭제**(Delete
  Keys)를 선택한다. – 옮긴이

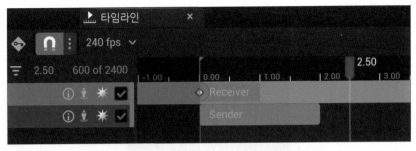

그림 9.7 Receiver 이미터에서 0에 있는 키프레임을 삭제

그 결과, 이미터가 순간적으로 폭발하는 대신 지속적으로 파티클을 스폰한다. 이렇게 창의성이 더해지면 폭죽 효과를 제대로 표현할 수 있다.

소멸 이벤트

Sender에서 첫 번째 이벤트를 생성해보자.

1. **파티클 업데이트** 레이블에서 **+** 기호를 클릭하고 **Generate Death Event**를 선택한다. 이때 파티클 시스템이 컴파일에 실패할 수 있지만, 몇 가지 단계를 거치면 문제를 해결할 수 있으니 걱정하지 말자.

그림 9.8 Generate Death Event 추가

2. 그럼 **Sender** 이미터 노드에 **Generate Death Event** 모듈이 추가됐을 것이다.

그림 9.9 Sender 노드에 추가된 Generate Death Event 모듈

3. **Generate Death Event** 모듈을 선택해 **선택** 패널에서 관련 세부 정보를 확인한다.

그림 9.10 선택 패널에서 Generate Death Event 모듈의 세부 정보

컴파일 실패를 해결하고 이벤트를 작동시키려면 **Sender** 노드에서 몇 가지 사항을 변경해야 한다.

그럼 다음 단계에 따라 진행해보자.

1. **Sender** 노드에서 **프로퍼티**^Properties 모듈을 선택하자.

그림 9.11 Sender에서 프로퍼티 모듈 수정

2. 이 모듈의 **선택** 패널에서 **시뮬레이션 타깃**^Sim Target이 **CPUSim**으로 설정돼 있는지 확인하고 **퍼시스턴트 ID 필요** 체크박스를 체크한다. 이러한 조건이 충족되지 않으면 이벤트나 이벤트 디스패처^event dispatcher가 작동하지 않는다.

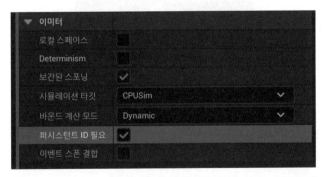

그림 9.12 시뮬레이션 타깃을 CPUSim으로 설정하고 퍼시스턴트 ID 필요를 체크

3. 이제 **Sender** 이미터의 프로퍼티를 조정해보자. 이 단계는 선택 사항으로, 조정하고 나면 **이미터** 노드의 이펙트를 좀 더 명확히 볼 수 있다.

Initialize Particle 모듈에서 파티클의 **Lifetime Mode**를 **Random**으로 설정하고, **Lifetime Min**을 0.25로, **Lifetime Max**를 0.75로 설정한다.

그림 9.13 파티클이 더 잘 보일 수 있도록 Lifetime 값 조정

이렇게 하면 그림 9.14와 같이 분수의 길이가 짧아진다.

그림 9.14 값을 수정한 후 길이가 더 짧아진 분수

4. 또한 **Sender**에서 **SpawnRate** 옵션을 다시 5.0으로 줄여 너무 많은 폭죽이 발사되지 않도록 한다. 이 단계도 선택 사항이므로 자유롭게 수정해보자.

그림 9.15 SpawnRate를 5.0으로 줄이기

이제 **Receiver** 노드를 살펴보자.

1. **Receiver** 노드의 **프로퍼티** 모듈에서 **+스테이지**$^{+Stage}$ 버튼을 클릭해 **이벤트 핸들러** 스테이지를 추가한다. 그러면 이미터에 **이벤트 핸들러** 섹션과 **이벤트 핸들러 프로퍼티** 노드가 추가된다.

그림 9.16 Receiver 노드에 이벤트 핸들러 스테이지 추가

Receiver가 Receive 이벤트를 수신할 수 있도록 **이벤트 핸들러 프로퍼티** 파라미터를 설정해야 한다.

그림 9.17 Receiver 노드에 표시된 이벤트 핸들러 프로퍼티 모듈

2. **이벤트 핸들러 프로퍼티**에서 소스를 **Death Event**로 변경하자. **Sender** 노드에
Generate Death Event를 추가한 경우에만 **Death Event** 옵션이 표시된다.

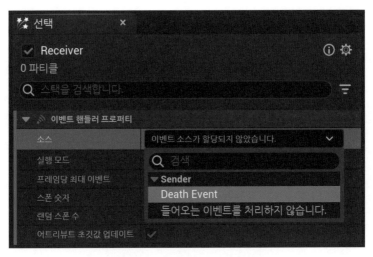

그림 9.18 소스를 Death Event로 변경

3. **실행 모드**^{Execution Mode}도 **Spawned Particles**로 설정하자. 이렇게 하면 이미터의 현재 이벤트에 응답해 스폰된 파티클에서만 이벤트 스크립트가 실행된다.

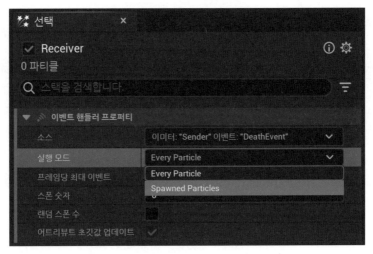

그림 9.19 실행 모드를 Spawned Particles로 변경

4. 이제 **스폰 숫자**^{Spawn Number} 필드에서 스폰되는 파티클의 수를 5로 설정한다. 스폰 숫자는 **Sender** 이미터의 파티클이 소멸할 때 **Receiver** 이미터가 스폰하는 파티클의 수다.

그림 9.20 스폰 숫자 설정

5. 이제 **Receiver** 이미터에 **Receive Death Event**를 추가해보자. 이 이벤트는 **Sender** 이미터의 **Generate Death Event** 모듈에서 **Death Event**를 수신하는 모듈이다.

그림 9.21 Receiver 이미터에 Receive Death Event 추가

6. 또한 **Receiver**의 **Life Cycle Mode** 설정을 **Self**에서 **System**으로 변경해야 한다. 그러면 **Receiver** 이미터의 수명 주기를 이미터 자체가 아닌 시스템이 제어할 수 있다.

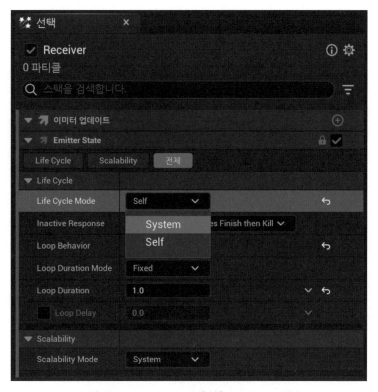

그림 9.22 Life Cycle Mode 옵션을 System으로 설정

7. **Sender** 파티클과 **Receiver** 파티클을 쉽게 구별할 수 있도록 **Receiver** 스프라이트의 **Color**를 빨간색으로 변경하자.

그림 9.23 Receiver 스프라이트의 Color를 빨간색으로 변경

이제 **프리뷰** 창에서 이벤트와 이벤트 핸들러가 작동하는 것을 확인할 수 있다.

Sender의 흰색 파티클은 분수처럼 공중으로 방출되고, 해당 파티클이 소멸한 후에 **이벤트 핸들러**는 빨간색 Receiver 파티클을 스폰한다.

그림 9.24 흰색 Sender 스프라이트가 소멸하면 빨간색 Receiver 스프라이트가 발생하는 파티클 시스템

이 시스템을 조정하고 테스트해 다양한 이펙트를 만들어보자. 이 이펙트는 폭죽처럼 보이는 효과가 있다.

충돌 이벤트

이제 **Collision** 이벤트와 해당 이벤트 처리를 확인해보자.

1. **Death** 이벤트와 유사하게, **Sender** 노드에 **Generate Collision Event** 모듈을 추가하자. 앞서 추가한 **Generate Death Event** 이벤트 모듈을 비활성화하거나 제거할 수 있다.

그림 9.25 Sender 노드에 Generate Collision Event 모듈 추가

2. 나이아가라는 충족되지 않은 종속성이 있다고 알리는데, 여기서는 **Collision** 모듈이 필요하다. 이 문제는 **이슈 고침** 버튼을 클릭하면 해결할 수 있다.

그림 9.26 Sender에 Collision 모듈을 추가해 종속성 문제 해결

3. **Receiver** 노드에 **Receive Collision Event** 모듈을 추가하고 **Death Event** 모듈을 비활성화한다.

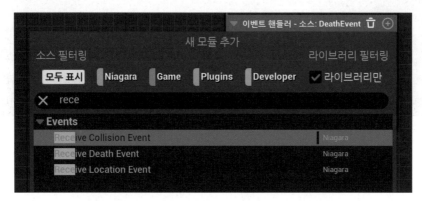

그림 9.27 Receiver 노드에 Receive Collision Event 모듈 추가

이펙트를 명확하게 보려면 **Sender** 노드를 일부 변경해야 한다.

4. 파티클이 바닥에 부딪혀 충돌할 수 있을 만큼 충분히 수명이 지속돼야 하므로, **Lifetime Min**과 **Lifetime Max**를 각각 1.25와 2.5로 변경한다.

그림 9.28 파티클이 더 오래 지속되도록 Lifetime 값을 자유롭게 변경

5. **Receiver** 노드의 **이벤트 핸들러 프로퍼티**에서 **소스** 드롭다운을 Collision Event로 변경한다.

그림 9.29 Receiver 노드에서 소스를 Collision Event로 변경한다.
소스에 있는 기존 항목은 현재 비활성화된 Death Event 모듈에서 온 것이다.

이제 **이벤트 핸들러 프로퍼티**는 그림 9.30과 같이 표시될 것이다.

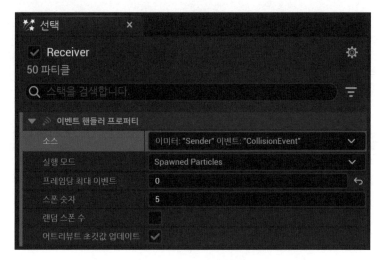

그림 9.30 Collision Event로 설정된 후의 소스 프로퍼티

6. **소스** 프로퍼티에 이전의 **DeathEvent**라는 항목이 나타나는 것은 현재 비활성화된 **Death Event** 모듈 때문이며, 메뉴에는 표시되지 않는다. 경고 삼각형이 표시된 것은 **Death Event**를 비활성화했기 때문이고, **Collision Event**를 선택하면 경고 삼각형이 사라진다.

이제 파티클 시스템의 동작이 변경된 것을 볼 수 있다. **Sender**의 흰색 파티클이 발생해 바닥으로 떨어질 것이고, 바닥과 충돌한 다음에는 **Collision** 이벤트가 생성돼 **Receiver** 노드가 빨간색 파티클을 발생시키게 된다.

그림 9.31 최종적인 빗방울 효과

이 이펙트는 빗방울이 튀는 효과나 용접 스파크 효과를 만들 때 사용하면 좋다.

위치 이벤트

이제 **Location** 이벤트와 해당 이벤트 핸들러를 살펴보자. 이 이벤트는 앞서 다룬 두 이벤트와 매우 유사하다.

1. 먼저 **Sender** 노드에서 **Generate Location Event** 모듈을 추가하고, **Generate Collision Event**를 비활성화하거나 삭제하자.

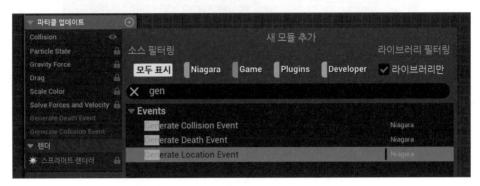

그림 9.32 Sender 노드에 Generate Location Event 모듈 추가

2. **Receiver** 노드에도 **Receive Location Event**를 추가하자. 또한 다른 **Receive** 이벤트를 비활성화하거나 삭제해야 한다.

그림 9.33 Receiver 노드에 Receive Location Event 추가

3. **Receiver** 노드에서 **소스** 드롭다운을 **Location Event**로 변경한다.

그림 9.34 Receiver 노드에서 소스 설정을 Location Event로 변경한다. 소스 드롭다운의 기존 항목은 현재 비활성화된 Collision Event 모듈에서 온 것이다.

이제 **이벤트 핸들러 프로퍼티**는 그림 9.35와 같이 표시될 것이다.

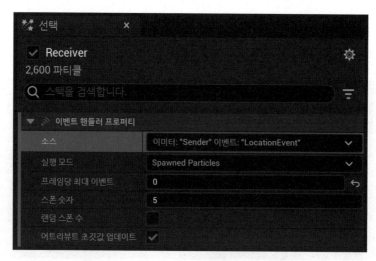

그림 9.35 Location Event로 설정한 후의 소스 프로퍼티

4. 필요하다면 **Receiver** 노드에서 파티클의 스폰 숫자를 증가시킨다.

그림 9.36 미사일 궤적처럼 움직이는 파티클

빨간색 **Receiver** 파티클이 발생해 흰색 **Sender** 파티클 뒤에 궤적이 형성되는 것을 볼 수 있다. 이 이펙트는 미사일이나 로켓의 궤적과 유사한 효과에 적합하다.

드디어 이 장을 마무리할 때가 됐다.

⁞▶ 요약

이 장에서는 이벤트와 이벤트 핸들러라는 나이아가라의 유용한 기능을 살펴봤다. 이벤트와 이벤트 핸들러를 사용하면 이미터를 연결해 하나의 이미터가 다른 이미터의 이펙트를 제어할 수 있다. 또한 몇 가지 예제를 다루며 이러한 기능을 어떻게 구현하는지도 살펴봤다.

지금까지는 주로 나이아가라의 생성을 다뤘다. 그렇지만 개발 중에는 파티클 시스템에 발생하는 버그를 찾아야 하고, 파티클 시스템의 효율성 부분도 계속 주목해야 한다.

다음 장에서는 나이아가라 시스템의 성능을 향상시키는 데 도움이 되는 디버깅 기술과 모니터링 방법을 배울 것이다.

10

나이아가라의 디버깅 워크플로

나이아가라 파티클 시스템은 기본적으로 파티클 시스템의 동작과 렌더링을 제어하는 추상화된 코드다. 코드에는 버그가 자주 발생하므로, 그 코드를 디버깅하는 데 많은 시간을 써야 한다. 따라서 이 장에서는 나이아가라의 디버깅 프로세스를 살펴본다.

우선 **디버거**^{Debugger} 패널에서 파티클 시스템 데이터를 조사하는 툴을 살펴보면서 익숙해지자. 그런 다음, 시스템에 디버그 데이터를 오버레이하는 데이터 시각화 툴을 살펴보고 성능 프로파일링의 일부 기능을 확인할 것이다. 끝으로, 디버깅 도구 모음에 추가할 몇 가지 중요한 콘솔 명령을 배워보자.

10장에서는 다음 내용을 다룬다.

- 나이아가라 디버거 패널 탐색
- 디버그 드로잉
- 성능 프로파일링
- 디버그 콘솔 명령

⁂ 기술적인 요구 사항

이 책에서 작업한 프로젝트는 깃허브(https://github.com/PacktPublishing/Build-Stunning-Real-time-VFX-with-Unreal-Engine-5)에서 확인할 수 있다.

⁂ 나이아가라 디버거 패널 탐색

나이아가라는 디버거를 제공해 레벨에서 실행되는 파티클 시스템을 검토한다. 이 디버거에는 도움을 주는 여러 툴이 있어 시뮬레이션 데이터를 자세히 살펴보고 파티클 시스템에서 발생하는 문제를 정확히 찾을 수 있다.

디버거 패널을 활성화하려면 **툴**^{Tools} ➤ **디버그**^{Debug} ➤ **나이아가라 디버거**^{Niagara Debugger}를 선택한다.

그러면 도킹 가능한 **나이아가라 디버거** 패널이 열린다. 언리얼의 여느 패널과 마찬가지로 편한 위치에 도킹할 수 있다.

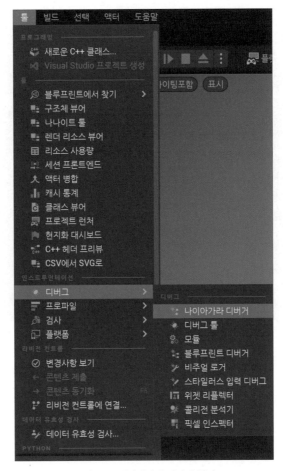

그림 10.1 나이아가라 디버거 열기

나이아가라 디버거 패널에는 세 가지 주요 영역이 있다.

- 파티클 시스템 재생 옵션 툴바
- 디버거 탭
- 디버거 옵션

나이아가라 디버거는 그림 10.2에서 볼 수 있다.

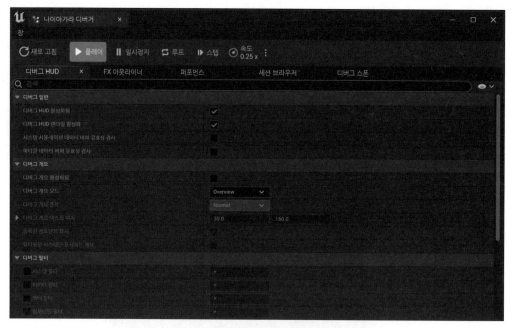

그림 10.2 나이아가라 디버거 패널

각 탭에는 더 많은 옵션이 포함돼 있다. 이 레이아웃은 나이아가라의 새로운 버전이 출시되면 변경될 수 있으니 유의하자.

파티클 시스템 재생 옵션 툴바

점검할 목적으로 간혹 파티클 시스템을 일시 정지하고, 느린 속도로 재생하고, 또는 각 프레임을 단계별로 실행해야 할 때가 있다. 이때 파티클 시스템 재생 옵션 툴바(그림 10.2)를 사용하면 상황에 따라 나이아가라 시스템의 재생을 제어할 수 있다.

툴바에는 다음과 같은 버튼이 있다.

- **새로 고침**Refresh: 파티클 시스템 설정을 새로 고쳐 동기화되지 않은 동작을 수정할 수 있다.

- **플레이**Play: 활성 레벨에서 나이아가라 시뮬레이션을 재생할 수 있다.

- **일시정지**^{Pause}: 활성 레벨에서 나이아가라 시뮬레이션을 일시 정지할 수 있다.

- **루프**^{Loop}: 단일 발사 파티클 시스템을 반복하도록 설정할 수 있다.

- **스텝**^{Step}: 모든 파티클 시스템을 한 프레임씩 앞으로 이동할 수 있다.

- **속도**^{Speed}: 파티클 시스템의 재생 속도를 변경할 수 있다.

이제 재생 버튼을 설명했으니 첫 번째 탭 패널인 **디버그 HUD**^{Debug Hud}를 자세히 살펴보자.

디버그 HUD

나이아가라 디버거를 활성화해 디버깅 정보를 표시하려면, **디버그 일반**^{Debug General}에서 **디버그 HUD 활성화됨**^{Debug HUD Enabled} 옵션이 아직 활성화돼 있지 않은 경우 체크한다.

그림 10.3 디버그 HUD 탭 패널

그러면 **뷰포트**에 Niagara DebugHud가 녹색 텍스트로 표시된다.

그림 10.4 현재 데이터가 표시되지 않는 나이아가라 디버그 HUD

녹색 텍스트가 표시되지 않으면, **디버그 필터**^{Debug Filter} 섹션에서 **시스템 필터**^{System Filter} 체크박스를 체크한다.

그림 10.5 디버그 필터 섹션에서 시스템 필터 활성화

더 자세한 파티클 시스템 데이터를 보려면 몇 가지 프로퍼티를 더 설정해야 한다.

디버그 개요^{Debug Overview} 섹션에서 **디버그 개요 활성화됨**^{Debug Overview Enabled}을 체크한다. 그리고 **디버그 개요 모드**^{Debug Overview Mode}를 Overview로 설정한다.

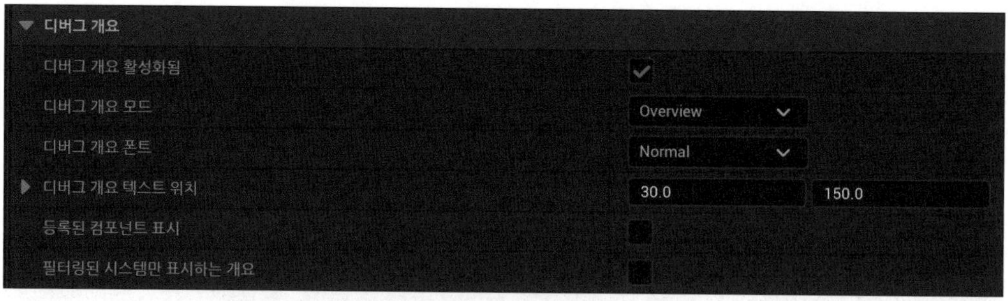

▼ 디버그 개요		
디버그 개요 활성화됨	✓	
디버그 개요 모드	Overview ∨	
디버그 개요 폰트	Normal ∨	
▶ 디버그 개요 텍스트 위치	30.0	150.0
등록된 컴포넌트 표시		
필터링된 시스템만 표시하는 개요		

그림 10.6 디버그 개요 섹션

그러면 다음과 같은 속성이 표시된다.

- **TotalActive**

- **TotalScalabilty**

- **TotalEmitters**

- **TotalParticles**

- **TotalMemory**

그림 10.7에서 볼 수 있듯이 레벨에서 활성화된 나이아가라 시스템의 전체 개수는 4개이며, 5개의 이미터가 6.87MB의 메모리를 사용해 총 10,900개의 파티클을 시뮬레이션한다. 파티클 시스템에는 확장성 설정이 적용되지 않았으므로 **TotalScalability**가 0으로 표시된다. 확장성 설정은 **프로젝트 세팅...** ➤ **플러그인** ➤ **나이아가라**에서 추가하면 된다.

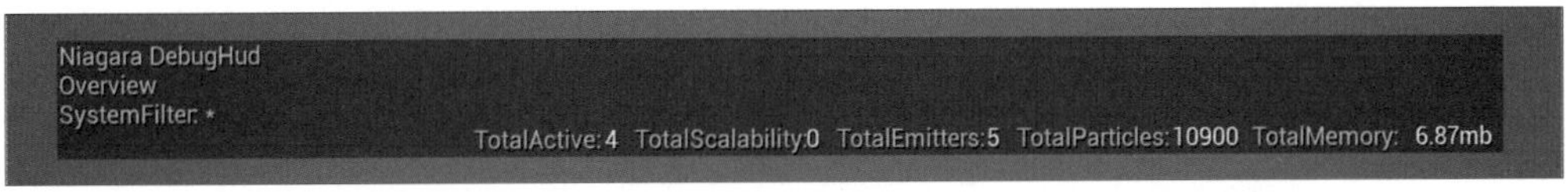

그림 10.7 디버그 개요 활성화됨을 체크하고 디버그 개요 모드를
Overview로 설정한 후의 나이아가라 디버그 HUD

옵션을 적절하게 변경해 **디버그 개요 폰트**^{Debug Overview Font}와 **디버그 개요 텍스트 위치**^{Debug Overview Text Location}를 수정할 수 있지만, 여기서는 기본 설정으로 둔다. 그리고 **디버그 필터** 섹션에서 **시스템 필터**를 체크한다.

디버그 HUD에 많은 데이터가 표시돼 특정 데이터만 필터링하고 싶다면, **시스템 필터** 입력 상자의 * 기호를 필터링할 문자열로 대체할 수 있다. 예를 들어 *sparks*라고 입력하면 sparks 문자열을 포함하는 오브젝트만 표시된다.

그림 10.8 시스템 필터 입력 상자의 *를 필터링할 문자열로 대체한다.

또한 시스템에 여러 개의 이미터가 있다면 **이미터 필터**^{Emitter Filter}를 사용해 이미터를 필터링할 수도 있다. **이미터 필터**는 그림 10.8과 같이 **시스템 필터** 바로 아래에 있다.

그럼 7장에서 생성한 `NS_PresenceGrid` 파티클 시스템을 디버깅해보자.

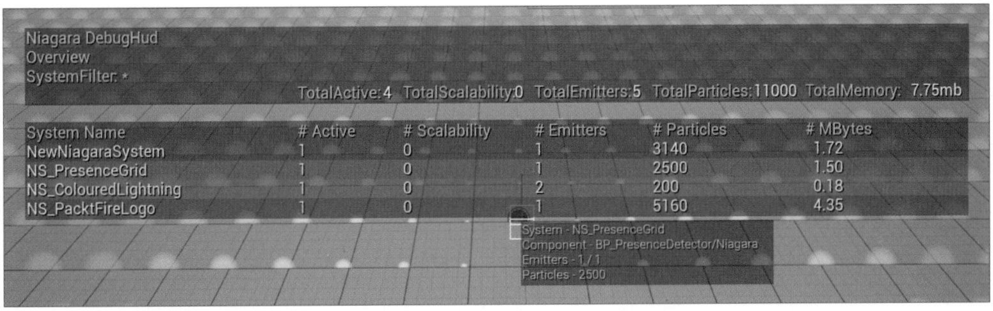

그림 10.9 NS_PresenceGrid의 정보

* 와일드카드를 사용해 시스템 필터를 설정했으므로, 이제 레벨의 모든 파티클 시스템 정보가 자세히 표시될 것이다. 그림 10.9와 같이 NS_PresenceGrid의 정보가 화면에 나타난다.

또한 그림 10.10과 같이 **디버그 시스템**^{Debug System} 섹션에서 다양한 속성을 변경해 화면에 표시되는 세부 정보를 수정할 수 있다. **디버그 시스템** 섹션은 **뷰포트**에서 레벨에 있는 각 파티클 시스템의 상세 정보를 표시한다.

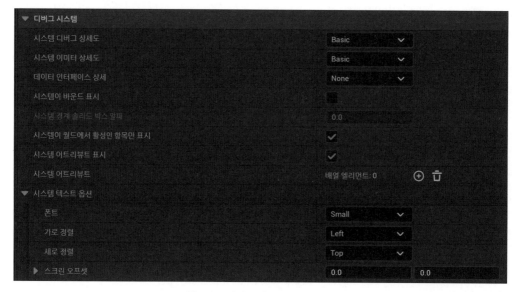

그림 10.10 디버그 시스템 섹션

이제 **시스템이 바운드 표시**^{System Show Bounds}를 체크해보자. 그러면 파티클 시스템의 경계가 빨간 테두리 박스로 표시된다. 만약 GPU 파티클을 사용한다면 카메라 프러스텀 오클루 전^{camera frustum occlusion1} 때문에 파티클 시스템이 보이지 않을 수 있다. 이때 바운딩 박스 정보를 사용하면 파티클 시스템이 사라지는 문제를 해결할 수 있다.

---

1   카메라의 시야에 보이지 않거나 다른 오브젝트에 가려진 오브젝트를 렌더링 처리하지 않음으로써 GPU의 부하를 줄이고 성능을 향상시키는 그래픽스 최적화 기술 중 하나다. - 옮긴이

그림 10.11 시스템이 바운드 표시를 활성화한 후 표시되는 빨간색 바운딩 박스

시스템의 디버거 텍스트 모양은 **시스템 텍스트 옵션**^{System Text Options}에서 **폰트**^{Font}의 크기, 가로 정렬^{Horizontal Alignment}, **세로 정렬**^{Vertical Alignment}을 수정해 변경할 수 있다.

디버그 파티클^{Debug Particles} 섹션에서는 개별 파티클의 상세 정보를 제공한다. **파티클 어트리뷰트 표시**^{Show Particle Attributes}를 체크하면 개별 파티클 정보의 표시가 활성화된다. 기본 **Index** 외에도 **Position**이나 **Color**와 같은 추가적인 파티클 어트리뷰트를 디버거에 표시하려면, **디버그 파티클** 섹션의 **파티클 어트리뷰트**^{Particle Attributes} 배열에 추가하면 된다. 언리얼 버전 5.1 이상에서는 **Position**과 **Color** 어트리뷰트가 빠져 있을 수 있는데, 그때는 직접 추가해야 한다. 또한 어트리뷰트 이름을 정확히 복사했는지도 확인하자. **PARTICLES** 네임스페이스에서 파라미터를 찾고, **파라미터** 패널에서 사용 가능한 어트리뷰트의 이름을 확인하면 된다. 이때 다음과 같이 **Age** 어트리뷰트를 추가할 수도 있다.

그림 10.12 파티클 어트리뷰트의 이름을 파티클 어트리뷰트 배열에 추가한다.
이러한 어트리뷰트는 디버그 화면에 표시된다.

Position과 Color 외에도 Age 데이터를 표시하도록 디버그 화면이 변경된 것을 볼 수 있다.

그림 10.13 각 파티클의 Position, Color, Age 어트리뷰트가 표시된 디버그 화면

혹시 파티클 어트리뷰트를 볼 수 없다면, **시스템 디버그 상세도**^{System Debug Verbosity}가 **Basic** 이나 **Verbose**인지 확인해보자.

FX 아웃라이너

두 번째 탭인 **FX 아웃라이너**^{FX Outliner}는 나이아가라 시뮬레이션 데이터를 캡처해 분석하는 일을 한다.

딜레이^{Delay} 입력 상자에서 캡처할 프레임 수를 설정하는데, 여기서는 기본값인 **60**을 유지할 것이다. 또한 **퍼포먼스**^{Perf} 버튼이 강조 표시돼 있는지 확인하자. 그래야 **퍼포먼스**^{Performance} 데이터가 캡처되기 때문이다. 데이터 캡처를 시작하려면 **캡처**^{Capture} 버튼을 클릭한다.

그림 10.14 FX 아웃라이너 탭 패널

FX 아웃라이너에서 다른 설정을 변경하지는 않을 것이다. **뷰 모드**^{View Mode}의 기본값은 **State**이며, 그림 10.15와 같이 캡처된 데이터를 볼 수 있다. 이 데이터는 다음과 같은 계층 구조로 표시된다.

- **월드**: 레벨의 이름이며, 여기서는 **ThirdPersonMap**이다. 인라인 데이터를 보면 데이터가 **Editor**에서 소스로 캡처됐다는 것을 알 수 있다. 다른 소스로는 **Game**이나 **PIE**^{Play in Editor}가 있다. 그다음에는 게임이 '독립형^{Standalone}', '전용 서버^{dedicated server}' 또는 '클라이언트^{Client}' 중에 어느 것으로 실행됐는지 보여준다. 이 데이터는 특히 멀티플레이어 게임을 디버깅할 때 유용하다. 여기서는 **Standalone**으로 실행 중이었다. 다음 옵션에서는 플레이가 시작됐는지 여부를 알려준다. 게임을 실행하지 않고 **Editor**에서 디버깅 중이었으므로 **False**를 반환한다. 마지막 숫자는 캡처된 시스템의 수를 나타낸다. 이 숫자는 설정한 필터의 영향을 받을 수 있다.

- **시스템**: 성능이 캡처된 나이아가라 시스템이다. 인라인 데이터에서는 1개의 시스템이 발견됐음을 알려준다. 이 숫자는 설정된 필터(존재한다면)의 영향을 받는다.

- **시스템 인스턴스**: 레벨에 있는 나이아가라 시스템의 특정 인스턴스다. 이때의 인라인 데이터는 여기서 사용된 '풀링 방식Pooling Method'이 **None**임을 알려준다. 풀링 방식은 새 오브젝트를 할당하는 대신 오브젝트를 재사용하려고 할 때 사용된다. 시스템에서 풀링 방식이 사용되면, **InUse**나 **FreeInPool**로 표시된다. 일반적으로 풀링 방식은 블루프린트를 이용해 나이아가라 시스템을 스폰할 때 설정한다. 그다음으로 '실행 상태Execution State'를 알 수 있는데, 여기서는 **Active** 상태다. 이외에 표시될 수 있는 상태로 Inactive와 Complete가 있다. 마지막으로, 현재 필터와 일치하는 이미터 수를 표시한다.

- **이미터**: 시스템에 존재하는 이미터다. 인라인 데이터는 이미터가 **Active**, **Inactive** 또는 **Complete** 중 어떤 상태인지를 알려준다. 여기서 이미터는 **Active** 상태다. 또한 이미터가 **CPU**나 **GPU** 중 어느 것인지를 보여준다. 마지막으로, 이미터에서 발생된 파티클 중 활성 상태인 파티클 수를 표시한다.

그림 10.15 State 뷰 모드의 FX 아웃라이너 데이터

Performance 뷰 모드에서는 성능과 관련된 다양한 인라인 데이터가 표시된다. 총 8개의 데이터 블록이 있으며, 각 블록에는 2개의 값이 있다. 여기서 왼쪽 값은 게임 스레드 비용이고 오른쪽 값은 시스템의 렌더 스레드 비용이다. 게임 스레드는 파티클 시스템의 동작 부분을 계산하는 역할을 하며, 렌더 스레드는 화면에 파티클을 표시하는 역할을 한다. 이때 사용되는 값의 단위는 마이크로초(μs)다.

그림 10.16 Performance 뷰 모드의 FX 아웃라이너 데이터

딜레이 기간 동안 캡처된 값을 살펴보자.

월드(ThirdPersonMap)에서 캡처된 내용은 다음과 같다(왼쪽에서 오른쪽으로).

- 월드에서 전체 이펙트의 평균 총프레임 시간

- 월드에서 전체 이펙트의 최대 총프레임 시간

시스템(NS_PresenceGrid)에서 캡처된 내용은 다음과 같다(왼쪽에서 오른쪽으로).

- 이 시스템에서 각 인스턴스의 평균 비용

- 이 시스템에서 각 인스턴스의 최대 비용

- 이 시스템에서 전체 인스턴스의 평균 총비용

- 이 시스템에서 전체 인스턴스의 최대 총비용

시스템 인스턴스(BP_PresenceDetector 개체)가 캡처한 내용은 다음과 같다(왼쪽에서 오른쪽으로).

- 이 인스턴스의 평균 비용

- 이 인스턴스의 최대 비용

이 인라인 데이터를 참고하면 계층 구조의 어느 지점에서 효율성 문제가 발생하는지 파악할 수 있다. 렌더 스레드 비용이 높으면, 셰이더를 확인해보자.

퍼포먼스 탭은 아직 개발 중이기 때문에 대폭 변경될 것으로 예상된다. 여기서 주요 버튼은 **퍼포먼스 테스트 실행**Run Performance Test 버튼으로, 버튼에 표시된 프레임 수를 테스트한다. 그럼 퍼포먼스 테스트 실행을 클릭하고, **출력 로그** 패널을 확인하자.

그림 10.17 퍼포먼스 탭 패널

출력 로그에 여러 데이터가 출력된 것을 볼 수 있다. 이 데이터는 CSVComma Separated Value 포맷으로, 나름 가치가 있다. 이 데이터를 복사하고 .CSV 파일로 저장하자.[2]

---

2 **출력 로그** 패널에 표시된 로그는 현재 작업하고 있는 프로젝트의 Saved₩Logs 하위 폴더에 Packt_NiagaraUE5.log 파일로 저장된다. – 옮긴이

그림 10.18 퍼포먼스 탭 패널에서 퍼포먼스 테스트 실행 버튼을 누르면
출력 로그에 CSV 포맷의 데이터가 출력된다.

MS 오피스 엑셀과 같은 스프레드시트에서 CSV 파일을 연다. 데이터는 그림 10.19와
같이 표시되며 추가 평가가 가능하다.

A	B	C	D	E	F	G	H	I	J	K
[2023.10.08-02.44.42:146][213]Cmd: fx.ParticlePerfStats.RunTest 60										
[2023.10.0{**** Particle Performance Stats										
[2023.10.0{Name		Average P{	Average P{	Average P{	Average P{	NumFrame	Total Insta	Total Tick	Total Tick	Total Final
[2023.10.0{** Per System Stats										
[2023.10.0{NewNiagaraSystem		3480	3480	152	152	60	60	52602	145208	0
[2023.10.0{NS_ColouredLightning		199	199	142	142	60	60	674	8499	0
[2023.10.0{NS_PresenceGrid		229	229	46	46	60	60	559	12889	0
[2023.10.0{NS_PacktFireLogo		102	102	15	15	60	60	1470	4120	0
[2023.10.08-02.45.00:351][528]LogDerivedDataCache: C:/Users/easystar/AppData/Local/UnrealEngine/Common/DerivedDataCache: Maintenand										

그림 10.19 출력 로그의 데이터를 .csv 파일로 저장하고 스프레드시트에서 열기

세션 브라우저^{Session Browser}는 레벨의 인스턴스를 디버깅할 때뿐만 아니라, 다른 시스템에
서 실행 중인 나이아가라 시스템을 디버깅할 때도 사용된다. 예를 들어 콘솔 게임을 개
발할 때 콘솔에서 레벨을 실행하고, 디버깅 중인 시스템에 콘솔 기기가 연결돼 있으면
세션 브라우저가 해당 콘솔 기기를 표시한다. 그런 다음, **세션 브라우저**에서 해당 콘솔 기
기를 선택해 디버깅 정보를 캡처할 수 있다. 여기서는 로컬 장치에서 실행 중인 단일 세
션을 볼 수 있다.

그림 10.20 세션 브라우저

디버그 스폰^{Debug Spawn}은 언리얼 엔진 5에서 나이아가라 디버거에 도입된 새로운 기능이
다. 이 기능을 사용하면 복잡한 스폰 메커니즘을 구축하지 않고도 레벨에서 파티클 시
스템을 스폰하고 제거할 수 있다. 또한 더 나아가 파티클 시스템에서 생성된 오버헤드
를 파악하는 데도 도움이 된다.

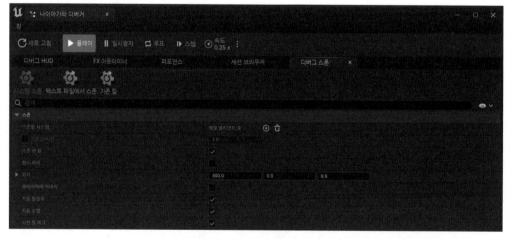

그림 10.21 디버그 스폰 탭 패널

디버그 스폰으로 파티클을 스폰하려면, 스폰할 파티클 시스템을 **스폰할 시스템**^{Systems to}
^{Spawn} 배열에 추가하면 된다. 또한 파티클 시스템을 스폰할 위치를 지정하는 것도 가능
하다. 이제 **디버그 HUD**가 활성화된 상태에서 **시스템 스폰**^{Spawn Systems} 버튼을 클릭해보자.
그러면 레벨에 파티클 시스템이 생성돼 종속성과 관계없이 파티클 시스템을 디버깅할
수 있다.

스폰된 시스템을 제거하려면 **기존 킬**^{Kill Existing} 버튼을 클릭한다.

그림 10.22 스폰할 시스템 배열에 NS_PresenceGrid 파티클 시스템 추가

이러한 옵션을 사용해 레벨에서 파티클 시스템의 인스턴스를 디버깅할 수 있다. 다음 절에서는 나이아가라 에디터에서 시스템을 생성하는 동안 시스템을 디버깅할 수 있는 툴을 몇 가지 살펴본다.

⸬ 디버그 드로잉

일부 모듈에서는 파티클 동작에 적용하는 프로퍼티를 시각화하기 어려울 수 있다. 또한 파티클 동작의 결과를 보고 특정 모듈이 해당 동작에 어떤 기여를 하는지 파악하기란 모호하다.

이때 디버깅하기 쉬운 방식으로 해당 프로퍼티를 나타내는 기능이 있으면 매우 유용하다. 예를 들어 파티클의 이동 방향, 힘이 적용되는 방향 등은 디버그 라인으로 파티클 시스템 렌더 위에 그려져 시스템 내에서 정확히 무슨 일이 일어나고 있는지 사용자에게 명확히 표시된다. 디버그 드로잉 기능은 일부 선택 모듈에서 사용할 수 있다.

몇 가지 예를 살펴보자.

첫 번째 예제에서는 **Fountain** 템플릿을 사용해 NE_DebugDemo라는 이미터를 생성해보자.

그림 10.23 Fountain 템플릿을 사용해 NE_DebugDemo 이미터 생성

이 이미터의 **파티클 업데이트** 그룹에 **Collision** 모듈을 추가해 바닥 충돌을 활성화한다.

그림 10.24 이미터 노드에 Collision 모듈 추가

Collision 모듈은 그림 10.25와 같이 **이미터 노드**의 **파티클 업데이트** 그룹 아래에 표시된다.

그림 10.25 NE_DebugDemo 이미터 개요 노드에 추가된 Collision 모듈

이제 파티클이 바닥에서 튕겨져 나올 것이다. 그리고 **Collision** 모듈의 작은 눈 아이콘은 이 모듈의 디버그 드로잉을 활성화하는 역할을 한다. 즉, 눈 아이콘을 클릭하면 녹색으로 바뀌고, 파티클과 월드의 충돌을 계산하는 데 사용되는 CPU 레이트레이서 디버그 드로우가 활성화된다.

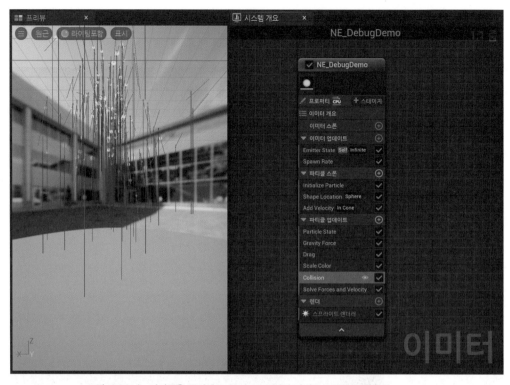

그림 10.26 눈 아이콘을 클릭해 Collision 모듈에서 디버그 드로우를 활성화

이제 두 번째 예제로, **Collision** 모듈을 비활성화하고 **파티클 업데이트** 그룹에 **Vortex Force** 모듈을 추가하자. **Vortex Force** 모듈의 눈 아이콘을 눌러 해당 모듈의 디버그 드로잉을 활성화한다. 그러면 소용돌이 힘의 방향을 나타내는 빨간색 선을 볼 수 있다. 단, 소용돌이 힘이 작기 때문에 선이 명확하지 않을 수 있다.

그림 10.27 Vortex Force 모듈 추가 및 디버그 드로우를 활성화해 작은 빨간색 선이 보임.
여기서 Collision 모듈은 비활성화한다.

디버그 라인을 분명하게 볼 수 있도록 **Vortex Force Amount**를 2000으로 변경하자.

그림 10.28 Vortex Force Amount를 2000으로 설정

이제 **프리뷰** 창에서 디버그 라인이 더 길어져 명확하게 보일 것이다. 디버그 라인의 길이는 **Vortex Force Amount** 값에 정비례하며, 파티클 시스템을 개발할 때 발생할 수 있는 예상치 못한 동작을 진단하는 데 도움이 된다.

그림 10.29 Vortex Force Amount에 비례해 더 길어진 디버그 라인

디버그 드로잉은 파티클 시스템에서 발생할 수 있는 문제를 진단하고 해결하는 데 유용한 일부 선택된 모듈에서만 사용 가능하다.

성능 프로파일링

파티클 시스템을 최적화하는 데 도움이 되는 또 다른 방법은 파티클 시스템의 각 모듈 성능에 미치는 영향을 시각화하는 것이다. 그러면 시간이 더 많이 걸리는 모듈을 식별할 수 있을 뿐만 아니라, 파티클 시스템을 최적화하는 데 집중할 수 있다.

언리얼 엔진 5에서는 나이아가라 에디터 툴바에 **퍼포먼스**[Performance] 버튼이 새로 추가돼 각 모듈이 파티클 시스템 성능에 미치는 영향을 시각화하는 데 도움을 준다.

그림 10.30 퍼포먼스 버튼

이 버튼을 사용하면 **이미터**와 **시스템** 노드에 있는 각 모듈의 자세한 성능 정보를 표시하거나 감출 수 있다. 또한 성능 정보는 **퍼포먼스** 버튼의 드롭다운 메뉴에서 선택한 옵션에 따라 변경된다.

그림 10.31 퍼포먼스 버튼을 눌렀을 때 표시할 내용 선택

기본적으로 **퍼포먼스** 버튼은 그림 10.32와 같이 평균 및 상대값을 표시한다.

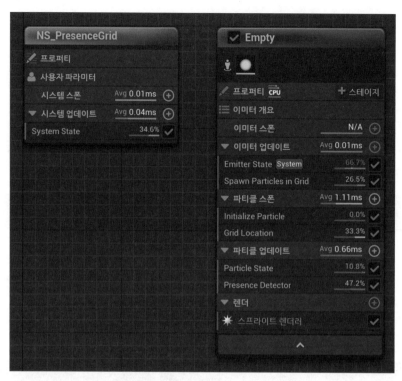

그림 10.32 평균과 상대값을 표시하는 노드

최댓값과 절댓값을 표시할 때 화면은 그림 10.33과 같다.

그림 10.33 최댓값과 절댓값을 표시하는 노드

표시되는 정보는 해당 정보가 표시되는 모듈에 따라 변경된다.

이미터 업데이트, 파티클 스폰, 파티클 업데이트와 같은 주요 레이블은 스크립트와 해당 모듈의 전체 비용을 표시한다. 그러나 스크립트 자체에 약간의 오버헤드가 있으므로 모듈 호출의 합계는 100%가 되지 않을 수 있다.

개별 모듈에는 각 모듈의 비용이 표시된다. 비용이 상대값으로 나타날 때 표시되는 백분율은 부모 스크립트를 기준으로 한다. 예를 들어 **Grid Location** 모듈을 보면, **파티클 스폰** 스크립트의 33.3%이다(그림 10.32 참조).

이렇듯 **퍼포먼스** 디스플레이를 사용하면 이미터의 개요를 빠르게 살펴보고 비효율적인 모듈을 신속하게 발견하는 데 도움이 된다.

디버그 콘솔 명령

나이아가라 디버거는 훌륭한 도구이지만, 여기에 있는 기능이 모두 필요하지는 않을 것이다. 그러나 인터페이스 없이 런타임에 디버그 기능을 사용하거나 게임 테스트 중에 로그를 남겨야 할 수도 있다. 또는 게임의 특정 지점에 디버그 기능을 트리거해 게임 내 특정 영역을 디버깅해야 할 때도 있다.

바로 이때 콘솔 명령을 사용하면 이러한 작업뿐만 아니라 그 이상의 작업도 가능하다. 콘솔 명령은 **출력 로그** 패널에 있는 언리얼 에디터 콘솔에서 입력할 수 있다.

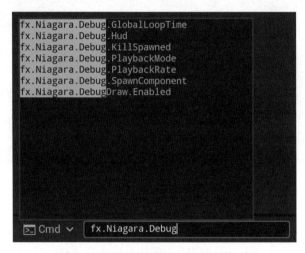

그림 10.34 콘솔에 나이아가라 디버그 명령을 입력

또한 블루프린트의 **Execute Console Command** 노드를 사용해 트리거할 수도 있다.

그림 10.35 블루프린트의 Execute Console Command 노드를 사용해 디버그 명령을 트리거

콘솔 명령의 예를 살펴보자.

```
fx.Niagara.Debug.Hud Enabled=1 OverviewEnabled=1
```

이 명령 자체는 다음과 같이 볼 수 있다.

```
fx.Niagara.Debug.Hud³
```

그다음, 해당 명령에 연결된 것은 HUD를 활성화하는 인수다(0이면 비활성화). 이 명령과 그다음 명령은 `fx.Niagara.Debug.Hud`에 추가된다.

```
Enabled=1
```

다음 인수는 기본 개요 화면을 활성화하거나 비활성화한다(0이면 비활성화).

```
OverviewEnabled=1
```

다음 인수는 시스템의 상세 수준을 설정한다. 0은 **없음**None, 1은 **기본**Basic, 2는 **자세히** Verbose이다.

```
SystemDebugVerbosity=0
```

이 인수는 월드 시스템의 이미터 디버그 상세도 수준을 설정한다. 0은 **없음**, 1은 **기본**, 2 는 **자세히**이다.

```
SystemEmitterVerbosity=0
```

다음 인수는 필터링된 모든 시스템의 경계를 표시한다(0이면 비활성화).

---

3   콘솔 명령으로 fx.Niagara.Debug.Hud만 단독으로 입력하면 사용 가능한 명령 목록을 표시해준다. – 옮긴이

```
SystemShowBounds=1
```

다음 인수는 월드 내 화면에 사용할 와일드카드 시스템 필터를 설정한다.

```
SystemFilter=*Sparks*
```

이 인수는 시스템 변수의 가시성을 활성화한다(0이면 비활성화).

```
ShowSystemVariables=1
```

다음 인수는 Position과 일치하는 모든 변수와 Color를 포함하는 모든 변수를 표시한다.

```
SystemVariables=Position,*Color
```

다음은 콘솔 명령의 또 다른 예다.

```
fx.Niagara.Debug.PlaybackRate
```

예를 들어, 이 명령에 0.5를 추가하면 모든 시뮬레이션을 절반의 속도로 실행한다.

```
fx.Niagara.Debug.PlaybackRate 0.5
```

콘솔에 fx.Niagara.Debug를 입력하면 추가적인 명령을 찾을 수 있다.

디버그 명령은 고급 용도로 사용되지만, 언리얼 엔진에서 콘솔을 사용하는 습관을 갖는 것이 좋다. 콘솔 명령을 사용하면 일반 사용자 인터페이스에서는 사용할 수 없었던 다수의 언리얼 기능에 접근할 수 있기 때문이다.

요약

이 장에서는 파티클 시스템의 문제와 성능 병목 현상을 진단하고자 나이아가라가 제공하는 디버그 도구 모음을 살펴봤다. 또한 상세 데이터를 생성하고 외부 툴에서 추가 분석할 수 있는 포맷으로 저장해봤다. 끝으로, 파티클 시스템을 검사하는 데 도움이 되도록 데이터를 시각적으로 표시하는 프로파일링 도구를 알아봤다.

다음 장에서는 블루프린트와 나이아가라 시스템을 통합하는 방법을 다룰 것이다. 이미 7장에서 **Presence Detector** 파티클 이펙트를 사용해 소규모로 작업을 진행한 바 있다. 이제 더 자세히 살펴보자.

11

블루프린트로 나이아가라 파티클 제어하기

이번 장에서는 이전 장들에서 배운 모든 내용을 활용해본다. 적당히 복잡한 나이아가라 파티클 시스템을 생성할 것이며, 해당 시스템에 몇 가지 사용자 노출 파라미터를 포함시킬 것이다. 또한 이러한 사용자 노출 파라미터를 제어하는 블루프린트 액터를 만들어 나이아가라 시스템과 직접 상호작용할 필요가 없도록 할 것이다. 이 워크플로에 익숙해지면, 나이아가라 에디터를 열지 않고도 수정할 수 있는 나이아가라 파티클 시스템이 포함된 블루프린트 에셋을 생성할 수 있다.

11장에서는 다음 내용을 다룬다.

- **사용자 파라미터** 모듈 탐색

- 블루프린트 액터에서 나이아가라 사용자 노출 설정 호출하기

- 튜토리얼 – 블루프린트 액터를 사용해 나이아가라 시스템 수정하기

기술적인 요구 사항

이전 장들과 마찬가지로 언리얼 엔진 5.1 이상이 필요하다. 이외에도 '어피니티 포토 Affinity Photo'나 '포토샵Photoshop'과 같은 이미지 에디터도 필요하다.

어피니티 포토는 웹 사이트(https://affinity.serif.com/en-us/photo/)에서 다운로드할 수 있다.

이 책에서 작업한 프로젝트는 깃허브(https://github.com/PacktPublishing/Build-Stunning-Real-time-VFX-with-Unreal-Engine-5)에서 확인할 수 있다.

사용자 파라미터 모듈 탐색

4장에서는 블루프린트에 나이아가라 파티클 시스템을 추가하는 방법을 살펴봤다. 이 장에서는 좀 더 심층적으로 들어가 블루프린트로 나이아가라 파라미터를 제어할 것이다. 나이아가라에 익숙한 사용자가 제어할 수 있는 나이아가라 파티클 시스템이 포함된 에셋을 생성할 수 있으며, 나이아가라를 직접 작업하지 않는 레벨 디자이너와 다른 아티스트가 제어할 프로퍼티를 블루프린트로 노출할 수도 있다. 다른 사용자가 파티클 시스템 프로퍼티 값을 더 쉽게 제어하려면 나이아가라 인터페이스 위에 추상화 레이어를 추가하면 된다.

추상화 레이어를 추가할 때 첫 번째 단계는 나이아가라 파티클 시스템에서 블루프린트에 노출될 사용자 파라미터를 생성하는 것이다.

이러한 파라미터를 하나 생성해보면서 이 프로세스를 이해해보자.

먼저 새로운 나이아가라 시스템을 생성한다. 템플릿 목록이 표시되면 **Fountain** 템플릿을 선택한다. **Fountain** 이미터에 있는 **SpawnRate** 파라미터는 이미터에서 발생되는 파티클의 수를 결정한다. 블루프린트를 사용해 이 **SpawnRate** 파라미터를 노출시킬 것이다. 그러나 이 파라미터를 직접 노출시킬 수는 없으므로, 중개자 역할을 하는 사용자 파라미터가 있어야 한다.

그림 11.1 Fountain 템플릿을 사용해 새 나이아가라 시스템 생성

나이아가라 시스템에는 **이미터 개요** 노드 외에도 파란색의 **시스템 개요** 노드가 있으며, 사용자 파라미터를 생성하면 **사용자 파라미터** 패널에서 사용할 수 있다. 지금은 **사용자 파라미터** 패널을 클릭해도 아직 추가된 파라미터가 없으므로 어떤 파라미터도 표시되지 않는다.

그림 11.2 시스템 개요 노드의 사용자 파라미터 모듈

사용자 파라미터를 추가하려면 **파라미터** 패널에서 **사용자 노출값** 섹션 오른쪽에 있는 **+** 기호를 클릭한다. 그러면 메뉴가 열려 생성할 파라미터 타입을 선택할 수 있다.

이제 Fountain 이미터의 **SpawnRate**를 노출해보자. **SpawnRate**가 float 값이라는 것은 알고 있다. 따라서 **새로 만들기**^{Make New} ➤ **일반**^{Common} ➤ **플로트**^{float}를 선택해 사용자 파라미터를 생성한다.

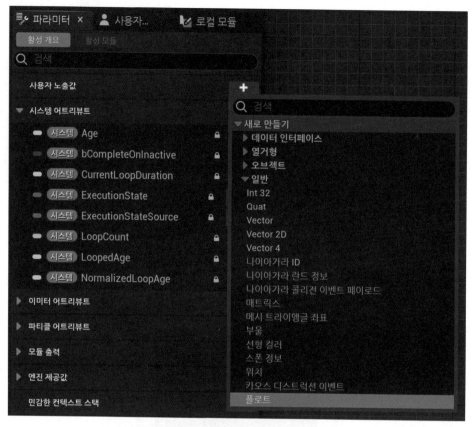

그림 11.3 사용자 노출값에서 새 플로트 파라미터 생성

그러면 **파라미터** 패널 아래의 **사용자 노출값** 섹션에 플로트 파라미터가 추가된다.

옆에 있는 알약 모양 아이콘의 색상(녹색)을 보면, 파라미터의 타입이 float라는 것을 알수 있다. 알약 모양의 아이콘은 파라미터 타입에 따라 색상이 구분된다. 또한 생성된 파라미터가 **사용자** 네임스페이스에 있다는 정보도 제공된다. 이제 파라미터 이름을 SpawnRate로 지정하자. 여기서는 **Fountain** 이미터의 **SpawnRate** 프로퍼티를 제어해야하므로, 이 프로퍼티 이름과 동일하게 **SpawnRate**를 그대로 사용했다. 하지만 다른 이름을 지정해도 상관없다.

그림 11.4 사용자 네임스페이스 아래에 float 타입의 새 파라미터 이름을 SpawnRate로 지정

이제 **사용자 파라미터** 패널에서 **SpawnRate** 파라미터를 찾자. 값을 수정했다면_{(여기서는} _{100.0으로 수정함)}, 나중에 사용할 수 있도록 기억해두자.

그림 11.5 사용자 파라미터 패널에서 SpawnRate 값 확인

이제 그림 11.6과 같이 **파라미터** 패널에서 사용자 **SpawnRate** 프로퍼티를 **Fountain** 이 미터의 **SpawnRate** 프로퍼티로 드래그한다. 프로퍼티 값 상자에서 파란색 점선의 강조 표시는 드래그한 프로퍼티가 호환 가능함을 나타낸다. **Spawn Probability**처럼 float 값 을 허용할 수 있는 다른 프로퍼티도 강조 표시되지만 무시해도 된다.

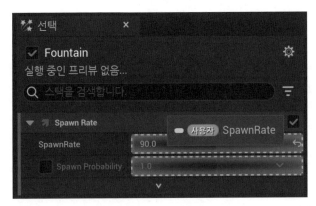

그림 11.6 사용자 SpawnRate 파라미터를 Spawn Rate 모듈의 SpawnRate 프로퍼티로 드래그

사용자 SpawnRate 프로퍼티를 SpawnRate 값 상자에 놓으면 바로 보라색 체인 링크 아이콘이 표시될 것이다(그림 11.6).

그림 11.7 **사용자** SpawnRate 파라미터가 SpawnRate 프로퍼티를 제어하는 것을 나타내는 보라색 체인 링크

이 보라색 체인 링크 아이콘은 Fountain의 SpawnRate 프로퍼티가 이제 **사용자** SpawnRate 프로퍼티 값으로 제어된다는 것을 나타낸다.

드디어 나이아가라 외부에서 **User.SpawnRate** 프로퍼티를 수정할 수 있는 블루프린트를 생성할 준비가 됐다. 다음 튜토리얼에서 볼 수 있듯이, 나이아가라 외부에서 수정할 모든 프로퍼티는 유사하게 노출돼야 한다. 모든 프로퍼티를 이 방법으로 수정할 수는 없지만, 대부분의 일반적인 프로퍼티는 수정이 가능하다. 더 복잡한 값과 오브젝트에는 **나이아가라 데이터 인터페이스**Niagara Data Interface를 사용하는 것이 좋다(이는 고급 기능에 해당하므로 이 책에서 다루지 않는다).

░ 블루프린트 액터에서 나이아가라 사용자 노출 설정 호출하기

이제 나이아가라 시스템을 생성했으므로 블루프린트를 시작해보자. 블루프린트를 생성하고 사용자 노출값 파라미터에 연결한 다음, 해당 파라미터를 사용자가 편집할 수 있도록 public 변수로 노출한다.

1. 먼저 블루프린트 액터를 생성해보자. 이 블루프린트의 이름은 BP_Fountain으로 지정한다.

그림 11.8 새 블루프린트 액터 클래스를 생성하고 이름을 BP_Fountain으로 지정

2. 이 블루프린트에 나이아가라 파티클 시스템 컴포넌트를 추가해야 한다. 이때 동적으로 블루프린트를 사용해 생성하거나, 간단하게 **컴포넌트** 패널의 **+추가** 버튼을 클릭해 추가해도 된다. 여기서는 간단한 방법을 선택해보자. 추가한 컴포넌트의 이름을 NiagaraFountain으로 변경한다.

그림 11.9 나이아가라 파티클 시스템 컴포넌트를 추가하고 이름을 NiagaraFountain으로 지정

3. **디테일** 패널의 **나이아가라 시스템 에셋** 프로퍼티에서 앞 절에서 생성했던 **NewNiagaraSystem1** 파티클 시스템을 찾아 선택한다. 이제 블루프린트에 필요한 에셋이 모두 포함됐다.

그림 11.10 나이아가라 시스템 에셋 프로퍼티에서 NewNiagaraSystem1 파티클 시스템을 선택

이제 사용자 노출값 파라미터를 블루프린트의 public 변수에 연결하는 데 필요한 블루프린트 스크립트를 작성해보자.

사용자가 **에디터** 모드에서 블루프린트 액터 프로퍼티를 조정해야 하므로, 이 스크립트는 **컨스트럭션 스크립트**^{Construction Script} 탭에서 작성할 것이다. 이 코드는 **BeginPlay 이벤트**^{Event Begin Play}에 연결된 **이벤트 그래프**에서 작성할 수 있지만, 그렇게 하면 **에디터** 모드에서는 실행되지 않고 **플레이** 버튼을 누를 때만 실행된다.

이미 **SpawnRate**와 **User.SpawnRate** 파라미터가 **float** 타입이라는 것은 알고 있다. 따라서 **User.SpawnRate**를 수정하는 데 사용할 수 있는 적절한 노드는 **Set Niagara Variable (Float)** 노드다. 또한 **Set Niagara Variable (Integer)** 및 **Set Niagara Variable (Linear Color)**와 같이, 나이아가라 파티클 시스템에서 변경하는 파라미터 타입에 따라 다양한 옵션이 있다. **Set Niagara Variable (Float)** 노드를 추가하려면 우선 **Niagara Fountain** 컴포넌트를 컨스트럭션 스크립트 편집 영역으로 드래그한다. 그다음, **Niagara Fountain** 컴포넌트에서 선을 드래그하면 상황에 맞는 메뉴가 나타난다. Niagara Variable을 검색하면 **Set Niagara Variable (Float)** 항목이 표시될 것이다. **Set Niagara Variable (Float)**를 선택하면 해당 노드가 그래프에 추가된다.

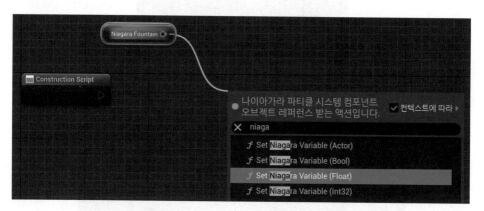

그림 11.11 Set Niagara Variable (Float) 노드 추가

그림 11.12와 같이 이 노드의 흰색 실행 선을 **Construction Script** 노드에 연결한다.

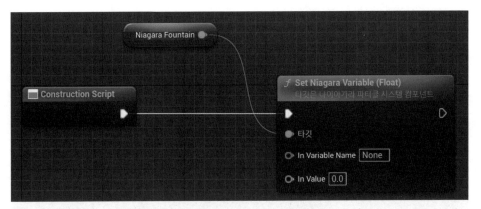

그림 11.12 Construction Script 노드와 Set Niagara Variable(Float) 사이에 실행 핀을 연결

나이아가라 시스템에서 **사용자 노출값** 파라미터 영역으로 이동한 다음, 사용자 **Spawn Rate** 파라미터를 마우스 오른쪽 버튼으로 클릭한 후 **레퍼런스 복사**^{Copy Reference}를 선택한다. 이 레퍼런스를 방금 추가한 **Set Niagara Variable (Float)** 블루프린트 노드에 붙여넣을 것이다.

그림 11.13 사용자 SpawnRate를 마우스 오른쪽 버튼으로 클릭하고 팝업 메뉴에서 레퍼런스 복사를 선택한다.

블루프린트로 돌아와서 이 레퍼런스를 **In Variable Name** 텍스트 상자에 붙여넣으면, **User.SpawnRate** 텍스트가 입력된다. 이제 블루프린트 노드는 **In Value**를 사용해 **User. SpawnRate** 값을 설정하게 된다. 이때 **In Value**를 public으로 설정해야 사용자가 메인 에디터의 **디테일** 패널에서 직접 접근할 수 있다. 하지만 바로 **In Value**를 public으로 설정하기에 앞서, 먼저 **In Value**를 변수로 승격시켜야 한다. 변수로 승격시키려면, **In Value** 위에서 마우스 오른쪽 버튼을 클릭하고 팝업 메뉴에서 **변수로 승격**^{Promote to Variable}

을 선택한다.

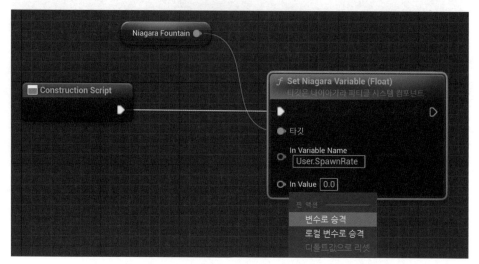

그림 11.14 In Variable Name에 User.SpawnRate 텍스트를 붙여넣고 In Value를 변수로 승격

이 변수의 이름을 ParticleSpawnRate로 변경한다. ParticleSpawnRate라는 이름을 지정한 것은 블루프린트에서 이 값을 편집할 때 파티클 프로퍼티라는 사실을 더 쉽게 알 수 있기 때문이다. 하지만 다른 변수와 마찬가지로 이름이 중요한 것은 아니므로 다른 이름으로 지정해도 상관없다.

그림 11.15 승격된 변수의 이름을 ParticleSpawnRate로 지정

이제 컨스트럭션 그래프는 그림 11.16과 같이 보일 것이다.

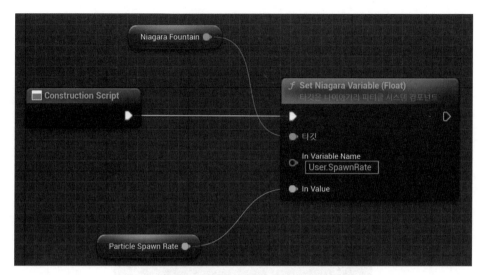

그림 11.16 완성된 컨스트럭션 스크립트

ParticleSpawnRate 변수를 public 변수로 설정하려면, **내 블루프린트**^{My Blueprint} 패널의 **변수**^{VARIABLES} 섹션에서 해당 변수의 오른쪽에 있는 눈을 감은 아이콘을 클릭한다^{그림 11.17 참조}. 그러면 해당 변수가 public 변수임을 나타내는 눈을 뜬 아이콘으로 변경된다.

그림 11.17 눈을 감은 아이콘을 클릭해 눈을 뜨고 있는 아이콘으로 변경하면
ParticleSpawnRate 변수가 public으로 설정됨

상단의 툴바에서 **컴파일**^{Compile} 버튼을 클릭한다.

그림 11.18 블루프린트 스크립트 컴파일

Particle Spawn Rate 변수의 기본값을 임의의 숫자로 설정해야 하는데, 여기서는 90으로 설정한다.

그림 11.19 public 변수인 Particle Spawn Rate의 기본값을 90 또는 원하는 숫자로 설정한다.

블루프린트를 저장하고 다시 컴파일한다. 그다음에는 블루프린트를 레벨로 드래그한다. 그러면 블루프린트 오브젝트의 **디테일** 패널에서 **디폴트**^{Default} 섹션에 노출된 **Particle Spawn Rate** 프로퍼티를 볼 수 있을 것이다.

그림 11.20 메인 에디터 창에서 블루프린트의 디테일 패널에 public 변수인 Particle Spawn Rate가 표시됨

블루프린트는 레벨에서 그림 11.21과 같이 보일 것이다. **Fountain** 파티클 시스템이 활성화돼 **SpawnRate**가 90인 파티클이 발생하는 것을 볼 수 있다.

그림 11.21 레벨에 NewNiagaraSystem1 파티클 시스템이 포함된 BP_Fountain 블루프린트가 표시됨

그림 11.22와 같이 블루프린트의 **디테일** 패널에서 노출된 **Particle Spawn Rate** 변수를 더 높은 값으로 변경한다.

그림 11.22 BP_Fountain 블루프린트 액터의 디테일 패널에서 Particle Spawn Rate 값을 조정

블루프린트의 파티클 시스템이 변경된 **Particle Spawn Rate** 값에 반응해서 발생하는 파티클의 수가 증가하는 것을 볼 수 있다. 블루프린트 변수는 이제 **Fountain** 이미터의 **SpawnRate** 파라미터에 영향을 미친다.

그림 11.23 public 변수인 Particle Spawn Rate의 변경에 반응하는 파티클 시스템

이제 블루프린트로 나이아가라 시스템 파라미터를 어떻게 제어하는지 알았다. 그럼 이 워크플로를 사용해 로고에서 불이 발생하는 파티클 시스템을 개발해보자. 튜토리얼에 따라 예제를 진행할 것이며, 몇 가지 프로퍼티를 추가해 블루프린트에서 파티클 시스템 프로퍼티를 제어할 것이다.

⫸ 튜토리얼 - 블루프린트 액터를 사용해 나이아가라 시스템 수정하기

이 절에서는 나이아가라 파티클 시스템을 포함하는 블루프린트를 설정한다. 이 블루프 린트에는 로고 텍스처가 있으며, 나이아가라 파티클 시스템이 로고 모양대로 불을 발생 시킬 것이다(그림 11.24 참조).

그림 11.24 튜토리얼 완료 시 최종적인 이펙트 결과

그림 11.24와 유사한 결과를 얻으려면 에셋에 내장된 컨트롤을 사용해 로고, 불의 밀도, 불의 색상을 변경해야 한다. 이때 그림 11.25와 같은 블루프린트의 도움이 필요하다. 이 그림에서는 나이아가라 파티클 시스템과 블루프린트에 내장될 컨트롤의 이름을 포함하는 블루프린트 액터의 조직 구조를 보여준다.

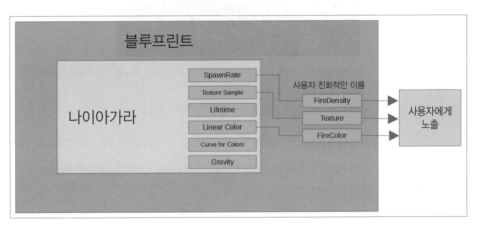

그림 11.25 튜토리얼에서 개발할 블루프린트의 도식 표현

불의 양, 불의 색상, 로고 자체를 변경할 수 있는 파라미터를 노출시킬 것이며, 블루프린트에 포함된 나이아가라 시스템은 이러한 변경에 반응할 것이다. **시작용 콘텐츠**^{Starter Content}의 일부 에셋을 사용할 것이므로, 프로젝트에 시작용 콘텐츠가 로드돼 있는지 확인하자. 프로젝트에 **시작용 콘텐츠**가 로드돼 있지 않다면 다음 단계에 따라 로드할 수 있다.

1. 콘텐츠 브라우저 상단의 **+추가** 버튼을 클릭한다.

2. 팝업 메뉴에서 **피처 또는 콘텐츠 팩 추가...** Add Feature or Content Pack... 옵션을 선택한다.

그림 11.26 +추가 버튼을 클릭하고 피처 또는 콘텐츠 팩 추가...를 선택해 시작용 콘텐츠를 추가한다.

3. 대화 상자가 나타나면 상단의 **콘텐츠** Content 탭을 선택한다.

4. 나타나는 화면에서 **시작용 콘텐츠** Starter Content 옵션을 선택한 다음, **프로젝트에 추가** Add to Project 를 클릭한다. 그러면 프로젝트의 Content 폴더에 새로운 StarterContent 폴더가 생성될 것이다.

그림 11.27 화면에서 프로젝트에 추가를 선택해 시작용 콘텐츠를 프로젝트에 추가한다.

프로젝트에 **시작용 콘텐츠**를 로드하면, 이 장에서 만들 나이아가라 시스템에 사용할 여러 에셋에 액세스할 수 있다.

나이아가라 시스템 생성

먼저 나이아가라 시스템을 생성해보자.

1. 평소와 같이 Fountain 템플릿을 선택하고, 나이아가라 시스템의 이름을 NS_Packt FireLogo로 변경한다.

그림 11.28 새로운 파티클 시스템을 생성하고 이름을 NS_PacktFireLogo로 지정

2. 나이아가라 시스템을 더블 클릭해 나이아가라 에디터를 연다. 그림 11.29와 같이
   몇 가지 **개요** 노드를 볼 수 있을 것이다.

그림 11.29 Fountain 템플릿에서 파생된 시작 시의 파티클 시스템 노드

이제 원하는 효과를 얻을 수 있도록 **이미터** 노드를 몇 가지 수정해보자.

1. 가장 먼저 할 일은 **Add Velocity** 모듈이 필요하지 않으므로 비활성화하거나 삭제하는 것이다.

그림 11.30 Add Velocity 모듈 비활성화

2. 불꽃이 솟아야 하므로, **Gravity** 모듈 값을 수정해 파티클이 가속도에 따라 위쪽으로 움직이도록 할 것이다.

   그럼 **Gravity**의 **Z** 값을 400으로 변경해보자. **Gravity** 모듈은 기본적으로 힘 모듈로, 항상 아래쪽을 향할 필요는 없으며 원하는 대로 사용하면 된다.

그림 11.31 파티클이 불꽃처럼 위로 움직이도록 Gravity Force 프로퍼티를 수정

3. 다음으로, **Fountain** 개요 노드의 **Initialize Particle** 섹션으로 이동해 **Lifetime Min** 값을 0.2로, **Lifetime Max** 값을 0.5로 변경한다.

   원하는 결과를 얻을 때까지 시행착오를 겪으며 값을 조정해보자.

그림 11.32 원하는 결과를 얻을 때까지 Lifetime 프로퍼티를 수정

이제 **Fountain** 파티클 시스템이 그림 11.33처럼 보일 것이다.

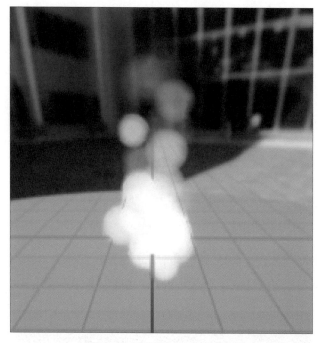

그림 11.33 수정 후의 Fountain 이미터

여기서 만들려는 이펙트는 로고 텍스처가 적용된 메시가 있고 파티클이 텍스처의 흰색 영역에서만 발생해야 한다. 먼저 메시를 샘플링해 파티클이 메시 전체에서 발생하는지부터 확인한다. 그런 다음, 텍스처를 사용해 파티클을 텍스처의 흰색 영역에서만 발생하는 것처럼 보이는 방식으로 마스킹한다.

텍스처를 마스크로 사용하려면 텍스처를 샘플링해야 하는데, 이때 CPU를 사용하면 비효율적이므로 GPU를 사용할 것이다.

메시 샘플링

스태틱 메시static mesh를 샘플링하는 것부터 시작해보자.

1. **파티클 스폰** 그룹에 **Static Mesh Location** 모듈을 추가한다.

그림 11.34 Static Mesh Location 모듈 추가

2. 이 모듈을 추가하면 여러 경고가 표시된다. 이러한 경고는 **Static Mesh Location**에 할당된 메시가 없기 때문에 나타난다.

그림 11.35 샘플링할 메시가 할당되지 않았다는 경고를 표시하는 Static Mesh Location 모듈

3. **시작용 콘텐츠**의 일부인 **Shape_Plane** 메시를 할당한다. **프리뷰 메시**는 대체용이므로 메시를 할당할 필요가 없다.

그림 11.36 디폴트 메시에 Shape_Plane 지오메트리를 할당

디폴트 메시^{Default Mesh}에 **Shape_Plane** 지오메트리를 할당하면, 그림 11.37과 같이 'CPU 접근 오류^{CPU access error}'가 발생할 것이다. **지금 고침**^{Fix Now} 버튼을 누르면 이 문제를 해결할 수 있다.

그림 11.37 지금 고침 버튼을 눌러 CPU 접근 오류 수정

4. 충분한 수의 파티클이 표시되도록 하려면 **SpawnRate**를 `1000.0`으로 설정한다.

그림 11.38 파티클이 충분히 표시되도록 SpawnRate를 1000.0으로 설정

이제 샘플링한 평면 메시 영역인 정사각형 부분에서 파티클이 발생하는 것을 볼 수 있다.

그림 11.39 메시의 전체 표면에서 발생하는 파티클

다음 절에서는 로고 텍스처의 흰색 영역에서만 파티클이 발생하도록 파티클 시스템을 설정할 것이다.

텍스처 샘플링

먼저 로고가 필요하다. 원하는 흑백 로고를 만들어보자. 여기서는 1024×1024 해상도로 Packt 로고를 생성하고 .png 파일로 저장했다.

그림 11.40은 이 절에서 사용할 로고 텍스처다.

그림 11.40 Packt 로고 텍스처

1. 이 로고를 언리얼에 텍스처로 가져오려면 윈도우 탐색기에서 텍스처 파일을 언리얼 콘텐츠 브라우저로 드래그하면 된다. 그리고 로고의 이름을 T_Packtlogo로 지정한다.

그림 11.41 콘텐츠 브라우저로 불러온 Packt 로고 텍스처를 T_Packtlogo라는 이름으로 지정

2. 이제 이 텍스처를 샘플링해 텍스처 정보를 파티클 시스템으로 읽어오자. 이 정보를 사용해 로고의 어느 영역에서 파티클을 발생시킬지 결정할 것이다. 텍스처를 샘플링하려면, **이미터** 노드의 **파티클 스폰** 그룹에 **Sample Texture** 모듈을 추가한다.

그림 11.42 파티클 스폰 그룹에 Sample Texture 모듈 추가

하지만 다시 오류 메시지가 표시될 것이다. 오류 메시지에서 알 수 있듯이, **Sample Texture** 모듈은 CPU 시뮬레이션에서 작동하지 않는다. 설령 CPU에서 작동하더라도 비용이 매우 많이 든다. 따라서 GPU에서 텍스처 샘플링을 수행하는 것이 가장 좋다.

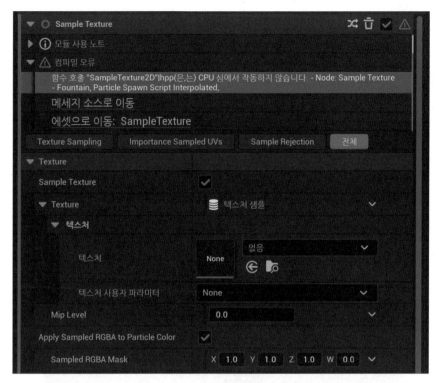

그림 11.43 Sample Texture 모듈이 CPU 시뮬레이션에서 작동하지 않는다는 오류 메시지

3. 이미터를 GPU로 변경하려면, **이미터 프로퍼티** 섹션으로 이동해 **시뮬레이션 타깃**을 **GPUCompute Sim**으로 변경한다. 이때 '고정 바운드가 없습니다.^{Missing fixed bounds.}'라는 메시지가 표시될 수 있다.

그림 11.44 고정 바운드가 없음을 알려주는 이미터 프로퍼티 모듈

4. **바운드 계산 모드**^{Calculate Bounds Mode}에서 **Fixed** 옵션을 선택하면 이 오류 메시지가 사라진다.

그림 11.45 바운드 계산 모드를 Fixed로 설정한다.

상황에 따라 **Fixed Bounds** 프로퍼티를 확장하고 크기를 조정해야 할 수도 있다.

그림 11.46 상황에 따라 Fixed Bounds의 최솟값과 최댓값을 수정해야 할 수 있지만, 여기서는 변경하지 않는다.

참고로, 이미터가 **CPUSim**일 때는 바운드가 프레임별로 동적으로 생성되기 때문에 **CPUSim**에서 바운드를 설정할 필요가 없다.

바운딩 박스는 게임 엔진에서 프러스텀 컬링^{frustum culling}을 결정하는 데 사용된다. 그러나 바운딩 박스가 카메라 프러스텀에 없으면 엔진은 화면에 시뮬레이션을 렌더링하지 않는다.

그림 11.47 언리얼 엔진은 카메라 프러스텀(보라색으로 표시) 외부의 오브젝트를 컬링한다.

시뮬레이션 타깃을 **GPUCompute Sim**으로 설정하고 나면 **Sample Texture** 모듈의 오류 메시지가 사라질 것이다.

이제 **텍스처**^{Texture} 프로퍼티에서 Packt 로고 텍스처를 선택한다.

Texture UV 프로퍼티 아래에 **UV** 프로퍼티가 있는데, 이 프로퍼티는 UV 정보를 읽어 출력할 텍스처에 적용한다. UV 정보는 텍스처가 메시에 래핑^{wrapping}되는 방식을 시스템에서 파악하도록 도움을 준다. 또한 파티클을 스폰할 메시에서 이 UV 정보를 읽어야 한다.

그림 11.48 텍스처로 T_Packtlogo를 선택한다.

1. **Static Mesh Location** 모듈은 샘플링된 스태틱 메시의 UV 정보를 **Particles.Static MeshLocation.SampledUV** 파라미터에 저장한다. 이 파라미터를 **파라미터** 패널에서 찾아 **Sample Texture**의 **UV** 프로퍼티로 드래그한다.

그림 11.49 파라미터 패널에 있는 파티클 STATIC MESH LOCATION SampledUV 모듈

앞서 확인했듯이, 입력 상자가 파란색 점선으로 강조 표시된 것은 드래그한 프로 퍼티와 호환된다는 사실을 나타낸다.

그림 11.50 파티클 STATIC MESH LOCATION SampledUV 모듈을
Sample Texture 모듈의 UV 프로퍼티로 드래그한다.

2. 파라미터를 드롭한 후에는 보라색 체인 아이콘이 표시된다.

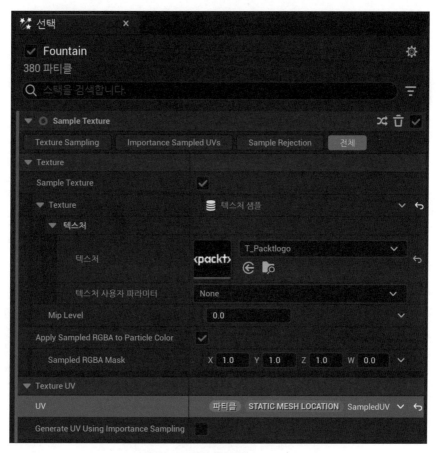

그림 11.51 파티클 STATIC MESH LOCATION SampledUV 파라미터가
UV 프로퍼티를 제어하고 있음을 나타내는 체인 링크 아이콘

그림 11.51에서는 조금 전에 언급했던 보라색 체인을 보여준다. 그럼 이제 파티클 STATIC MESH LOCATION SampledUV 파라미터가 Texture UV의 UV 프로퍼티를 제어한다는 것을 이 보라색 체인으로 알 수 있다.

로고의 흰색 영역에서만 파티클 발생

이제 로고 텍스처의 흰색 영역에서만 파티클을 발생시켜 파티클이 로고 텍스트에서만 발생하는 것처럼 보이게 할 것이다. 그러려면 실제로 흰색이 아닌 영역에서 발생하는 파티클을 모두 제거해야 한다. 이때는 **파티클 스폰** 섹션에 **Kill Particles** 모듈을 추가하면 된다.

그림 11.52 NS_PacktFireLogo 파티클 시스템의 파티클 스폰 그룹에 Kill Particles 모듈을 추가한다.

Kill Particles 모듈에는 **Kill Particles**라는 부울 타입의 프로퍼티가 있다. 이 값을 true로 설정하면, 발생된 파티클이 모두 제거된다. 그리고 동적 입력을 설정해 **Kill Particles** 프로퍼티에 조건을 추가할 것이다. 조건을 설정하면 방출이 일어나는 메시 평면의 특정 영역에서 파티클을 제거할 수 있다. 이 영역은 텍스처 맵을 사용해 정의한다. 그리고 텍스처 맵이 제공하는 값을 임계값과 비교해, 텍스처에서 제공하는 값이 임계값보다 크면 텍스처의 해당 영역에서 파티클을 제거한다.

이미 샘플링된 텍스처와 메시가 준비돼 있으므로, 비교할 임계값만 있으면 된다. **Set Bool by Float Comparison**이라는 동적 입력을 **Kill Particles**에 추가해 비교할 것이다.

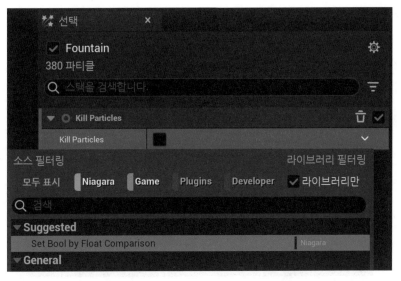

그림 11.53 Kill Particles 프로퍼티에 Set Bool by Float Comparison 동적 파라미터를 추가한다.

그러면 **A**와 **B**라는 두 float 값과, 이 두 값을 비교하는 **Comparison Type**이 제공된다. 그리고 **A**에 또 다른 동적 입력을 추가해야 한다.

float 값을 비교할 것이므로 텍스처에서 float 값을 추출해야 한다. 중간 단계로 **A**에 **Make Float from Linear Color** 동적 입력을 추가하자. 이 선형 컬러 값에서 단일 채널을 추출할 것이다. 여기서는 **A** 아래의 **Channel** 드롭다운 상자에서 **R**을 선택해 빨간색을 추출한다.

그림 11.54 A에 Make Float from Linear Color 동적 입력을 추가한다.

이때 B의 임계값과 실제로 비교하려는 것은 A의 로고 텍스처이지 Make Float from
Linear Color가 제공하는 LinearColor 프로퍼티가 아니다. 이전에 Sample Texture 모듈
을 추가했으므로, **파라미터** 패널에서 **Particles.SampleTexture.SampledColor**라는 파라
미터를 사용할 것이다. 이 **Particles.SampleTexture.SampledColor**에는 Sample Texture
모듈이 로고 텍스처에서 읽은 정보가 포함돼 있다.

그림 11.55 파티클 SAMPLE TEXTURE SampledColor 파라미터

Particles.SampleTexture.SampledColor 파라미터를 찾아서 **LinearColor** 슬롯으로 드래
그한다.

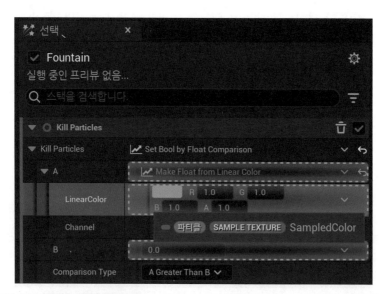

그림 11.56 파티클 SAMPLE TEXTURE SampledColor 파라미터를 LinearColor 슬롯으로 드래그한다.

그러면 **LinearColor** 슬롯에 보라색 체인 링크 아이콘(그림 11.57 참조)이 표시돼 텍스처의 **SampledColor**가 **LinearColor** 값을 제어한다는 것을 알 수 있다. 그다음에는 **Comparison Type**을 **A Equal To B**로 변경하고 **B**를 0.0으로 설정한다. 그럼 이제 텍스처 맵의 값이 0일 때, 즉 텍스처 맵이 검은색이면 부울 값이 true가 된다.

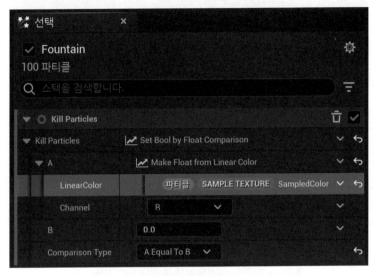

그림 11.57 파티클 SAMPLE TEXTURE SampledColor가
LinearColor 값을 제어한다는 표시인 체인 링크 아이콘

이제 파티클 시스템은 텍스처의 흰색 부분에서 파티클을 발생시켜야 한다. 로고의 모양이 명확하게 보이지 않으면, 파티클의 **Sprite Size**와 **Lifetime** 값을 자유롭게 조정하자. 여기서는 **Uniform Sprite Size Min**과 **Uniform Sprite Size Max**의 값을 각각 1.0과 4.0으로 설정한다.

그림 11.58 Uniform Sprite Size Min과 Uniform Sprite Size Max 값을 설정

Lifetime Min과 **Lifetime Max** 값을 각각 0.1과 0.2로 조정해 로고가 더 잘 보이게 한다.

그림 11.59 Lifetime Min과 Lifetime Max 값을 설정

이제 파티클 시스템은 그림 11.60과 같이 보일 것이다.

그림 11.60 지금까지의 모든 변경 사항이 반영된 파티클 동작

이 파티클 시스템도 멋져 보이기는 하지만, 만들려고 했던 불꽃 모양의 파티클은 아니다. 불꽃 형태의 파티클을 만들려면 두 가지 작업이 필요하다. 먼저 파티클의 수명 동안 불꽃의 색상이 변화해야 하며, 그다음은 애니메이션된 불꽃 스프라이트가 있어야 한다.

파티클의 수명 동안 불꽃 색상을 변경하려면, **Fountain** 템플릿에 있었던 **Scale Color** 모듈로 이동한다. 어떠한 이유가 있어 모듈이 없다면, **파티클 업데이트** 섹션에 **Scale Color** 모듈을 추가한다.

그다음, **Scale Color** 모듈에서 **Scale Mode**로 **RGBA Linear Color Curve** 옵션을 선택한다.

그러면 **Scale Color** 모듈에 표시된 프로퍼티가 변경돼 색상 그라데이션이 표시된다.

그림 11.61 Scale Mode로 RGBA Linear Color Curve 옵션을 선택

이제 프로퍼티에 색상 그라데이션이 추가됐다. 그라데이션의 상단 부분을 클릭하면 색상을 정의하는 정지점을 추가할 수 있다. 하단에서는 투명도를 정의할 수 있다(그림 11.63의 정지점이 있는 그라데이션 참조). 색상 그라데이션은 **NormalizedAge**를 기준으로 파티클의 색상을 결정한다. **NormalizedAge**는 파티클의 수명을 0부터 1까지의 값으로 나타낸 것으로, 실제 파티클의 수명이 몇 초인지와 관계없이 0은 파티클이 스폰될 때의 수명이고 1은 파티클이 소멸될 때의 수명이다.

파티클의 수명이 시작될 때 색상의 **V** 값을 **10.0** 정도로 설정하면 파티클이 빛나게 된다.

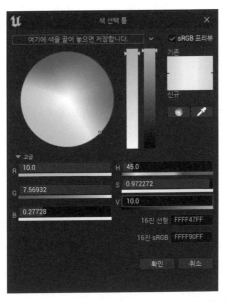

그림 11.62 색상 그라데이션의 첫 번째 정지점에서 색상 설정

원하는 대로 **Linear Color Curve**에 색상 정지점을 추가해보자. **Linear Color Curve**는 그림 11.63과 유사해야 한다.

그림 11.63 색상(위)과 알파(아래) 정지점이 최종적으로 설정된 색상 그라데이션

이제 **프리뷰** 패널에서 파티클의 색상이 수명 전체에 걸쳐 변하는 것을 볼 수 있다. 다음으로는 파티클 스프라이트 머티리얼에 애니메이션된 불 스프라이트를 추가할 것이다.

SubUV로 애니메이션된 스프라이트를 파티클에 추가해 불꽃 애니메이션 생성

프로젝트에 **시작용 콘텐츠**가 있다면, 콘텐츠 브라우저에서 **M_Fire_SubUV** 머티리얼을 검색한다. **시작용 콘텐츠**가 프로젝트에 추가되지 않았다면, **콘텐츠 브라우저** 패널 상단의 **+추가** 버튼을 클릭해 **시작용 콘텐츠**를 추가한다.

렌더^{Render} ❯ **스프라이트 렌더러**^{Sprite Renderer} ❯ **스프라이트 렌더링**^{Sprite Rendering}의 머티리얼^{Material} 프로퍼티에서 **M_Fire_SubUV**를 선택한다. 이 머티리얼의 스프라이트 시트에는 6×6 행-열 구조로 배치된 36개의 불 애니메이션 이미지가 있다. 이러한 프레임을 불 애니메이션으로 렌더링하려면 SubUV를 애니메이팅해야 한다.

그림 11.64 SubUV를 애니메이팅해 M_Fire_SubUV 머티리얼을 불꽃 애니메이션에 사용

스프라이트 렌더러의 **서브 UV**^{Sub UV} 섹션에서 스프라이트 시트의 행과 열의 수와 일치하도록 **서브 이미지 크기**^{Sub Image Size}를 각각 6.0으로 설정한다.

그림 11.65 스프라이트 시트가 6×6이므로 서브 UV의 서브 이미지 크기 값을 각각 6.0으로 설정

이 스프라이트 시트의 애니메이션을 트리거하려면 **파티클 업데이트** 섹션에 **Sub UVAnimation** 모듈을 추가해야 한다.

그림 11.66 파티클 업데이트 섹션에 Sub UVAnimation 모듈 추가

Sub UVAnimation 모듈을 추가하면, 선택된 스프라이트 렌더러가 없다는 경고가 표시될 것이다. **소스**^{Source}의 **Sprite Renderer** 드롭다운 리스트에서 **스프라이트 렌더러**^{Sprite Renderer}를 선택하면 이 경고 메시지가 사라진다.

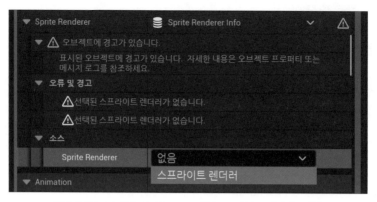

그림 11.67 소스의 Sprite Renderer에서 스프라이트 렌더러를 선택

Sub UVAnimation 모듈에서 **Start Frame Range Override**와 **End Frame Range Override**
를 체크한 뒤, 각각 0과 35로 설정한다. 이 값은 스프라이트 시트의 프레임 수에 해당하
며, 시작 프레임 0부터 종료 프레임 35까지 프레임을 계산한다. 이미 **서브 UV** 섹션에서
행과 열의 수를 정의했으므로 중복된 정보라 생각할 수 있지만, 시작 및 종료 프레임 값
을 정확히 해두는 것이 **이미터** 노드에는 더 좋을 수 있다. 예를 들어 스프라이트 시트의
6×6 그리드에서 프레임이 34개만 있을 때, 또는 애니메이션의 12에서 30프레임까지
만 사용할 때와 같이 스프라이트 시트의 일부만 사용할 때 시작 및 종료 프레임 값이 도
움이 된다.

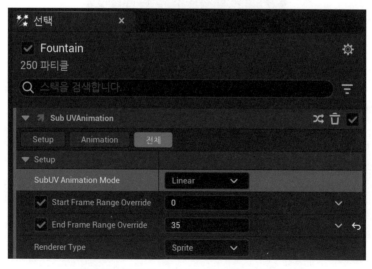

그림 11.68 Sub UVAnimation의 시작 및 종료 프레임 설정

이제 파티클 시스템은 로고에서 불이 나는 것처럼 보일 것이다. **Sprite Attributes** 섹션에서 **Uniform Sprite Size Min**을 5.0, **Uniform Sprite Size Max**를 7.0으로 설정한다.

그림 11.69 새로운 불꽃 스프라이트에 맞게 Uniform Sprite Size Min과 Uniform Sprite Size Max 값을 설정

여기서는 **Lifetime Min**과 **Lifetime Max**에 각각 0.2와 0.5를 추가한다. 그림 11.69와 그림 11.70에 표시된 스프라이트 크기와 수명 값을 권장하지만, 원하는 대로 조정해도 된다.

그림 11.70 새로운 불꽃 스프라이트에 맞게 Lifetime Min 및 Lifetime Max 값을 설정

Uniform Sprite Size Min과 **Uniform Sprite Size Max** 값을 각각 5.0 및 7.0으로 설정하고 **Lifetime Min**과 **Lifetime Max** 값을 각각 0.2 및 0.5로 설정한 후, **SpawnRate**를 20000으로 설정한다. **프리뷰** 창의 파티클 시스템은 그림 11.71처럼 보일 것이다.

그림 11.71 수정 이후 파티클 시스템과 새로운 애니메이션 불 스프라이트

시각적으로, 이제 파티클 시스템이 준비됐다.

사용자 노출 파라미터를 모듈 파라미터에 연결하기

이제 블루프린트로 파티클 시스템을 제어할 수 있게 사용자 파라미터를 추가해야 한다.
그림 11.72와 같이 3개의 사용자 파라미터를 추가할 것이다.

- 불 파티클이 발생된 로고 텍스처를 수정하는 **Texture Sample** 타입의 **User.Texture**

- 불 파티클의 수를 수정하는 **Float** 타입의 **User.FireDensity**

- 불 파티클의 색상을 변경하는 **LinearColor** 타입의 **User.FireColor**

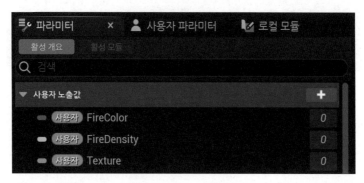

그림 11.72 (사용자) FireColor, (사용자) FireDensity, (사용자) Texture 사용자 파라미터 추가

다음은 사용자 파라미터를 추가하는 방법이다.

1. 앞서 '블루프린트 액터에서 나이아가라 사용자 노출 설정 호출하기' 절에서 다뤘듯
   이, 사용자가 생성한 프로퍼티로 이미터 내의 적절한 프로퍼티를 제어할 것이다.
   먼저 **User.Texture** 프로퍼티를 Sample Texture 모듈의 **텍스처 샘플**^Texture Sample 슬롯
   으로 드래그한다.

그림 11.73 [사용자] Texture를 텍스처 샘플 슬롯에 드래그

그러면 **Texture** 슬롯이 보라색 체인 링크로 표시된 [사용자] **Texture**로 교체된다. 이 제 [사용자] **Texture** 파라미터에서 텍스처 샘플을 읽을 것이다.

그림 11.74 Texture가 [사용자] Texture 파라미터에서 샘플링되고 있음을 나타내는 보라색 체인 링크

2. 마찬가지로 그림 11.75와 같이 **User.FireDensity**를 드래그해 **SpawnRate** 슬롯에 드롭한다.

그림 11.75 사용자 FireDensity 파라미터가 SpawnRate를 제어하고 있음을 나타내는 보라색 체인 링크

3. 마지막으로, **User.FireColor**를 드래그해 **Initialize Particle** 섹션의 **Color** 슬롯에 드롭한다.

그림 11.76 사용자 FireColor 파라미터가 파티클의 Color를 제어하고 있음을 나타내는 보라색 체인 링크

드디어 세 가지 사용자 파라미터가 모두 연결됐다. **NS_PacktFireLogo** 시스템 노드의 **사용자 파라미터** 모듈을 클릭해 이러한 연결을 확인해보자.

그림 11.77 시스템 노드에서 사용자 파라미터 모듈을 클릭한다.

사용자 파라미터 패널에 위에서 생성한 3개의 사용자 파라미터가 표시된다. 또한 그림 11.78처럼 세 파라미터의 일부 기본값을 설정할 수 있다.

그림 11.78 사용자 파라미터의 기본값 설정

이제 블루프린트를 생성할 준비가 됐다.

블루프린트 액터 생성하기

나이아가라 파티클 시스템이 완성됐으니 블루프린트 액터 클래스를 생성해보자. 먼저 이 블루프린트 액터의 이름을 BP_LogoFire로 지정한다.

그림 11.79 블루프린트 액터 클래스 생성

다음으로, **나이아가라 시스템 에셋**을 **NS_PacktFireLogo**로 설정하자.

1. 액터에 **Niagara Particle System Component**를 추가하고 이름을 NiagaraFire로 지정한다. 물론 다른 이름도 괜찮다.

그림 11.80 Niagara Particle System Component 추가

2. 나이아가라 컴포넌트의 **디테일** 패널에서 **나이아가라 시스템 에셋**을 **NS_PacktFire Logo**로 선택한다.

그림 11.81 나이아가라 시스템 에셋을 NS_PacktFireLogo로 설정

설정이 완료된 화면은 다음과 같다.

그림 11.82 나이아가라 컴포넌트 디테일 패널의 파라미터 재정의

또한 나이아가라 컴포넌트의 **디테일** 패널에서 사용자 파라미터의 기본값을 확인할 수 있다. 필요하다면 이 기본값을 사용해 나이아가라 컴포넌트의 동작을 수정해도 되지만, 한발 더 나아가 블루프린트에 public 변수를 생성해 사용자 파라미터를 제어해보자.

평면 지오메트리의 머티리얼 생성하기

평면 모양에 적용할 머티리얼도 필요하니 만들어보자. 평면 모양은 블루프린트 액터의 일부분으로 파티클 시스템 바로 아래에 배치될 것이다. 이렇게 하면 파티클 시스템과 평면 모양에 표시된 로고를 볼 수 있다. 이로써 로고의 가시성이 향상될 것이다.

1. 새로운 머티리얼 에셋을 생성하고 이름을 M_packtlogo_Mat으로 지정한다.

2. **Texture Sample** 노드와 **Constant3Vector** 노드를 추가하자. 그리고 **Multiply** 노드를 사용해 이 두 노드를 곱한 후, 결과 노드의 **베이스 컬러**^{Base Color}와 **이미시브 컬러**_{Emissive Color} 핀에 연결한다.

   블루프린트로 머티리얼의 텍스처와 색상 프로퍼티를 변경할 계획이므로, 노드를 마우스 오른쪽 버튼으로 클릭하고 **파라미터로 변환**^{Convert to Parameter}을 선택해 머티리얼 그래프의 **Texture Sample**과 **Constant3Vector** 색상 노드를 파라미터로 변환한다. 그리고 이름을 TextureUsed와 LogoColor로 지정한다. **파라미터** 패널에서 **TextureUsed**에는 **T_Packtlogo**를 설정하고, **LogoColor**에는 **R** = 5.0, **G** = 2.5, **B** = 0, **A** = 1을 설정한다. 이제 머티리얼 노드 구조가 그림 11.83처럼 보일 것이다.

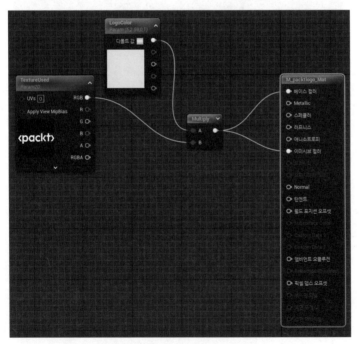

그림 11.83 M_packtlogo_Mat 머티리얼의 머티리얼 그래프

결과적으로 **프리뷰** 창에서 박스 메시의 머티리얼은 그림 11.84처럼 보여야 한다. 여기서 RGB 색상 값을 1보다 크게 설정하면 로고가 빛난다는 점도 주목하자.

그림 11.84 프리뷰 창에서 보이는 M_packtlogo_Mat 머티리얼[1]

3. 머티리얼을 저장하면 콘텐츠 브라우저에서 머티리얼 섬네일도 업데이트된다.

그림 11.85 콘텐츠 브라우저에서 업데이트된 M_packtlogo_Mat 섬네일

4. 이제 **컴포넌트** 패널에서 **+추가** 버튼을 클릭해 블루프린트에 **Plane** 컴포넌트를 추

---

1   **프리뷰 메시**는 기본적으로 **스피어 프리미티브**로 설정돼 있다. **프리뷰** 창에서 우측 하단의 세 번째 아이콘을 선택하면, **프리뷰 메시**가 **큐브 프리미티브**로 설정돼 그림 11.84와 같이 보이게 된다. – 옮긴이

가한다. **M_packtlogo_Mat** 로고 머티리얼을 이 **Plane** 컴포넌트에 추가해 로고의 가독성을 높일 것이다.

그림 11.86 블루프린트 액터에 Plane 컴포넌트 추가

5. 이제 방금 생성한 **M_packtlogo_Mat** 머티리얼을 평면에 적용할 차례다. **Plane** 컴 포넌트를 선택하고, **디테일** 패널의 **엘리먼트 0**Element 0에서 **M_packtlogo_Mat** 옵션을 선택하자.

그림 11.87 Plane 컴포넌트에 M_packtlogo_Mat 머티리얼 적용

6. 미적인 이유로 **Plane** 컴포넌트의 **위치**Location를 0.0, 0.0, -3.0으로 설정한다. 이렇게 하면 나이아가라 시스템에서 발생하는 불이 **Plane**에서 발생하는 것처럼 보일 것이다.

그림 11.88 불 파티클 시스템 바로 아래에 Plane 컴포넌트의 위치 설정

7. 아직 블루프린트를 **뷰포트**로 드래그하지 않았다면, 지금 드래그해 실제 작동하는
   모습을 확인하자.

그림 11.89 메인 에디터 뷰포트의 레벨에 표시된 블루프린트

이제 그림 11.89처럼 나이아가라 파티클 시스템과 텍스처가 적용된 평면을 함께 볼 수
있을 것이다.[2]

블루프린트 public 변수를 나이아가라 사용자 노출 파라미터에 연결

이번에는 블루프린트에 public 변수를 추가해 메인 창의 **디테일** 패널에서 나이아가라
파티클의 동작을 직접 수정해볼 것이다.

먼저 **FireDensity** 파라미터를 노출시키자.

우선 블루프린트에서 **NiagaraFire** 컴포넌트를 **컨스트럭션 스크립트** 그래프로 드래그한다.
Niagara Fire 노드에서 선을 드래그하고 **Set Niagara Variable (Float)**를 검색한다.
Niagara Fire 노드와 연결할 **FireDensity** 파라미터가 float 파라미터이므로 **Set Niagara**

---

2   그림 11.89와 같이 보이지 않는다면, **디테일** 패널에서 트랜스폼의 위치 중 Z 값을 확인하자. 위의 여섯 번째 단계에서
    Plane 컴포넌트의 Z 위치를 −3.0으로 설정했기 때문에 Z가 4 이상이어야 제대로 볼 수 있다. – 옮긴이

Variable(Float)를 사용해야 한다.

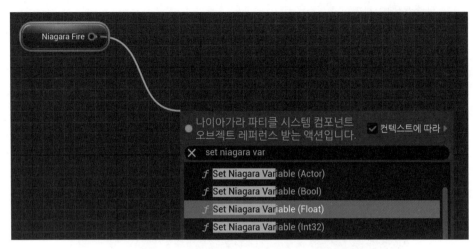

그림 11.90 Set Niagara Variable (Float) 노드 추가

Set Niagara Variable (Float) 노드가 추가되면, 노드에 **In Variable Name**이라는 레이블의 빈 입력 상자가 나타난다. 이 입력 상자에는 나이아가라 시스템에서 정의한 **Float** 타입의 사용자 파라미터를 입력할 수 있다. 여기서는 **NS_PacktFireLogo** 파티클 시스템에서 정의한 **User.FireDensity** 사용자 파라미터에 연결해야 한다.

나이아가라 파티클 시스템으로 이동해 **파라미터** 패널의 **사용자 노출값** 섹션에서 **User.FireDensity** 파라미터를 마우스 오른쪽 버튼으로 클릭하고 **레퍼런스 복사** 옵션을 선택한다.

그림 11.91 사용자 FireDensity를 마우스 오른쪽 버튼으로 클릭하고 메뉴에서 레퍼런스 복사를 선택한다.

Set Niagara Variable (Float)의 **In Variable Name** 입력 상자에 내용을 붙여넣는다. 그러면 **User.FireDensity** 텍스트가 상자에 입력될 것이다.

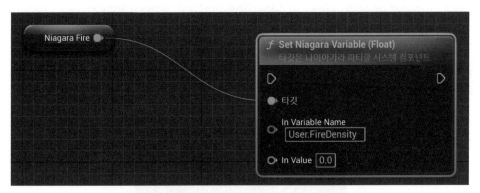

그림 11.92 레퍼런스 복사의 내용을 In Variable Name에 붙여넣기

Set Niagara Variable (Float) 노드를 Construction Script 노드에 연결해 **뷰포트**에서 이펙트를 확인해보자. 그러면 레벨로 드래그한 블루프린트 인스턴스에서 **Set Niagara Variable (Float)** 노드의 이펙트를 확인할 수 있다. 이때 불 파티클이 사라진 것을 볼 수 있는데, **In Value**가 **0.0**으로 설정돼 있기 때문이다. 또한 **In Value** 값을 테스트해보며 블루프린트가 잘 작동하는지도 확인할 수 있다.

In Value를 public 변수로 노출하려면, **In Value**를 마우스 오른쪽 버튼으로 클릭하고 팝업 메뉴에서 **변수로 승격**을 선택한다.

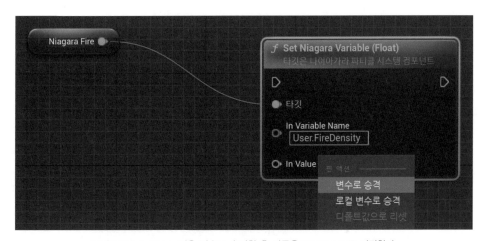

그림 11.93 In Value 핀을 변수로 승격한 후 이름을 FireDensity로 지정한다.

그 결과 새로운 float 변수가 생성됐을 것이다. 이 float 변수의 이름을 FireDensity로 변경한다. 그다음, **변수** 섹션에서 **FireDensity** 변수 우측에 있는 눈을 감은 아이콘을 클릭한다. 그러면 눈을 감은 아이콘이 눈을 뜬 아이콘으로 변경되며 **FireDensity** 변수가 public 변수가 된다.

레벨 에디터 창에서 블루프린트 액터를 선택하면 **디테일** 패널에 public 변수가 표시된다.

그림 11.94 FireDensity 변수를 public으로 설정하려면 옆의 눈 아이콘을 클릭한다.

Fire Density 변수의 **기본값**도 설정해야 하는데, 블루프린트 에디터 오른쪽의 **디테일** 패널에서 기본값을 설정할 수 있다. 여기서 **Fire Density**의 값을 20000.0으로 설정하자. 이 값은 임의로 입력한 것이므로, 원하는 값으로 조정해도 된다.

그림 11.95 Fire Density를 20000.0으로 설정

이제 나이아가라 시스템에서 정의한 다른 사용자 파라미터에서도 비슷하게 public 변수를 생성해보자. 다음으로 설정할 파라미터는 **User.Texture**이다. 먼저 **Niagara Fire** 노드에서 선을 드래그하고 **Set Texture Object** 노드를 생성한다. 그리고 이전과 같이 **레퍼런스 복사**를 사용해서 **User.Texture** 사용자 파라미터의 레퍼런스를 **Set Texture Object** 노드의 **Override Name** 핀에 복사한다. 그다음에는 **Texture** 핀을 변수로 승격하고 **Texture** 변수를 생성한다(그림 11.96 참조). 끝으로, **Texture** 변수를 public으로 설정한다.

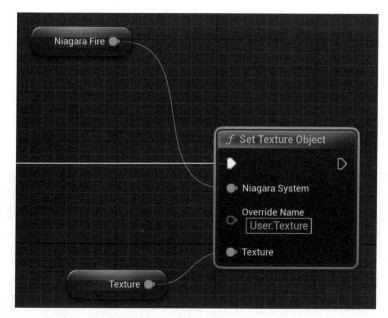

그림 11.96 Set Texture Object 노드의 최종 상태

Texture 변수의 기본값을 이전에 불러온 **T_Packtlogo** 텍스처로 설정한다.

그림 11.97 Texture 변수의 기본값을 T_Packtlogo로 설정

또한 이 public 변수인 **Texture**를 사용해 **M_packtlogo_Mat**에서 **TextureUsed** 파라미터를 설정할 것이다. 그러면 **Plane**의 텍스처가 파티클 시스템에 제공된 텍스처와 동기화돼 변경된다.

이 기능을 설정하려면, **Plane** 컴포넌트를 **컨스트럭션 스크립트** 창으로 드래그한다. **Plane** 노드에서 선을 드래그하고 **Create Dynamic Material Instance**라는 새 노드를 생성한다. 이 노드의 반환 값을 사용하면 머티리얼의 파라미터를 변경할 수 있다. **Create Dynamic Material Instance** 노드의 **Source Material**에서 **M_packtlogo_Mat** 머티리얼을 선택한다.

Return Value에서 선을 드래그하고 **Set Texture Parameter Value**라는 노드를 생성한다. 이 노드로 앞서 **M_packtlogo_Mat**에서 정의한 파라미터 값을 설정할 것이다. 설정할 파라미터는 **TextureUsed** 파라미터다. 우선 **M_packtlogo_Mat** 머티리얼 노드에 있는 파라미터의 이름을 정확히 입력한다. 그다음, **Set Texture Parameter Value**의 **Value** 핀에 **Set Texture Object** 노드에서 생성했던 **Texture** public 변수를 연결한다.[3] 이제 노드가 그림 11.98과 같이 보일 것이다.

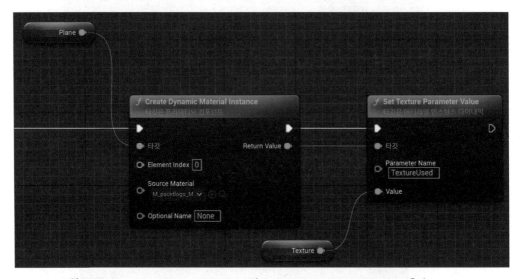

그림 11.98 Create Dynamic Material Instance와 Set Texture Parameter Value 노드 추가

이번에는 나이아가라 시스템에서 정의한 사용자 파라미터 중 세 번째로 **User.FireColor**를 연결해보자. 이 파라미터는 불 스프라이트에 적용되는 색조를 변경한다. **User. FireColor** 변수는 **LinearColor** 타입이다. 프로세스는 앞의 두 파라미터와 동일하다.

Niagara Fire 컴포넌트를 **컨스트럭션 스크립트** 그래프로 드래그한다. **Niagara Fire** 노드에서 선을 드래그하고 **Set Niagara Variable(Linear Color)** 노드를 생성한다. 그리고 나이아가라 시스템의 **파라미터** 패널에서 **User.FireColor**의 레퍼런스 복사를 사용해 **Set**

---

3 **내 블루프린트**(My Blueprint) 패널의 **변수** 섹션에서 Texture를 Set Texture Parameter Value 노드의 Value 핀으로 드래그하면 된다. – 옮긴이

Niagara Variable (LinearColor) 노드에 붙여넣는다.

이어서 **Set Niagara Variable (LinearColor)** 노드의 **In Value** 핀을 마우스 오른쪽 버튼으로 클릭하고 변수로 승격한 후, 이름을 **FireColor**로 지정한다. 이전 변수와 마찬가지로, **내 블루프린트** 패널의 **변수** 섹션에서 **FireColor** 옆의 눈을 감은 아이콘을 클릭해 **FireColor** 변수를 public으로 설정한다.

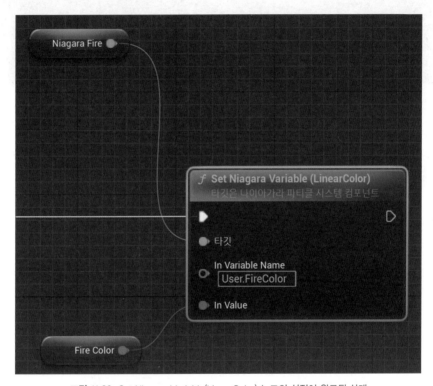

그림 11.99 Set Niagara Variable(LinearColor) 노드의 설정이 완료된 상태

이 **FireColor** 변수를 사용해 로고 색상도 설정할 것이다. 로고와 불의 색상이 일치해야 하므로, **M_packtlogo_Mat** 머티리얼에서 정의한 **LogoColor** 파라미터를 설정해야 한다.

우선 **Create Dynamic Material Instance**의 **Return Value**에서 선을 드래그하고 **Set Vector Parameter Value** 노드를 생성한다. 이어서 **Set Vector Parameter Value** 노드의 **Parameter Name** 상자에 **M_packtlogo_Mat**에 있는 파라미터 이름(LogoColor)을 정확히 복

사한다. 그럼 노드 네트워크가 그림 11.100과 같이 보일 것이다.

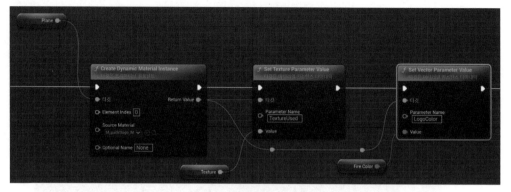

그림 11.100 Set Vector Parameter Value 노드 추가 후, Parameter Name을
LogoColor로 설정하고 이전에 생성된 FireColor 변수를 Value 핀에 연결

Fire Color의 기본값을 **R** = 5.0, **G** = 2.59, **B** = 0.0, **A** = 1.0으로 설정하면, 로고와 불이 노
란색으로 빛나게 된다.

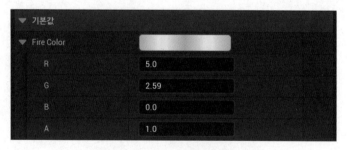

그림 11.101 Fire Color 변수의 색상 값 설정

내 블루프린트 패널에서 변수는 그림 11.102와 같이 보일 것이다.

그림 11.102 BP_LogoFire 블루프린트 액터의 public 변수

모든 변수가 public으로 설정돼 있고 올바른 변수 타입인지를 다시 한 번 확인하자.

public 변수를 카테고리로 구성하기

디테일 패널에 표시된 것이 일부 기본 프로퍼티가 아닌 사용자 정의 프로퍼티라는 점을 사용자에게 명확히 알리고자 PacktAttributes라는 **카테고리** 섹션 밑에 프로퍼티를 배치할 것이다.

블루프린트에서 각 public 변수를 선택하고 **디테일** 패널에서 **카테고리**^{Category} 항목에 PacktAttributes를 입력한다. 이 작업은 처음에 한 번만 하면 된다.

그림 11.103 처음에 한 번만 public 변수의 카테고리에 PacktAttributes를 입력해 설정

두 번째 변수부터는 **카테고리** 드롭다운 메뉴에서 **PacktAttributes**를 선택할 수 있다.

그림 11.104 드롭다운 상자에서 이전에 생성한 PacktAttributes 카테고리를 선택해 나머지 public 변수의 카테고리를 설정

이제 레벨 에디터의 **디테일** 패널뿐만 아니라 **내 블루프린트** 패널의 **변수** 섹션에도 **Packt Attributes** 제목 밑에 변수가 분류된 것을 확인할 수 있다.

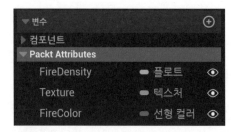

그림 11.105 이제 Packt Attributes 그룹 아래에 표시되는 public 변수들

컨스트럭션 그래프의 **노드 그래프**는 그림 11.106과 같이 보일 것이다.

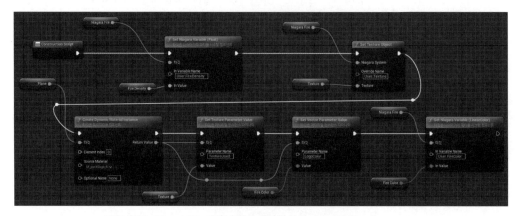

그림 11.106 BP_LogoFire 블루프린트 액터의 전체 컨스트럭션 그래프

레벨에서 블루프린트 오브젝트는 그림 11.107처럼 보일 것이다.

그림 11.107 레벨 에디터 뷰포트에서 완성된 블루프린트 액터

레벨에서 블루프린트 액터를 선택하면, **디테일** 패널의 **Packt Attributes** 섹션 아래에서 public 변수를 확인할 수 있다.

블루프린트 액터 테스트하기

Packt Attributes 프로퍼티에서 값을 변경해 파티클 시스템의 동작을 수정하고 로고와 색상도 변경할 수 있다.

그림 11.108 블루프린트 액터의 디테일 패널에서 public 변수의 값 변경

예를 들어, **Fire Color**를 녹색으로 변경하면 로고와 불 파티클의 색상이 녹색으로 변경된다(그림 11.109 참조).

그림 11.109 FireColor public 변수의 값을 변경해 불의 색상을 녹색으로 변경

Texture 프로퍼티를 변경할 수도 있다. 먼저 언리얼로 다른 로고를 불러오자. 로고 이미지는 흑백이어야 한다. 여기서는 **T_UE5Logo**라는 언리얼 엔진 로고를 설정했다.

그림 11.110 로고 텍스처 이미지 변경

이제 불이 언리얼 로고의 흰색 영역에서만 발생하는 것을 볼 수 있다.

그림 11.111 로고 모양에 따라 불 이미터 파티클의 동작이 변경된다.

블루프린트 액터를 성공적으로 테스트했다. 이제 블루프린트의 public 변수로 **Fire Density, Fire Color, Texture**를 수정할 수 있다.

⫸ 요약

이 장에서는 다소 복잡한 나이아가라 파티클 시스템을 생성한 후 블루프린트 액터의 일부로 만드는 방법을 배웠다. 그다음에는 블루프린트 스크립트를 생성하고, 나이아가라 시스템 프로퍼티를 직접 편집하는 대신 블루프린트 액터로 나이아가라의 프로퍼티를 변경해봤다. 이러한 방식을 사용하면 나이아가라 시스템의 일부 프로퍼티만 노출되므로, 나이아가라에 익숙하지 않은 사용자도 파티클 시스템을 쉽게 사용할 수 있다.

드디어 나이아가라 파티클의 여정이 끝났다. 나이아가라 파티클 시스템의 많은 내용을 다뤘지만, 아직도 학습할 내용이 많이 남아 있다. 앞으로도 다른 나이아가라 관련 서적을 활용해 더 많은 내용을 계속 배워나가길 바란다.

| 찾아보기 |

언리얼 엔진 5로 제작하는 실시간 VFX

나이아가라를 활용한 VFX 단계별 실습

발 행 | 2024년 2월 29일

옮긴이 | 이 지 성 · 송 정 은
지은이 | 흐리시케쉬 안두를레카

펴낸이 | 권 성 준
편집장 | 황 영 주
편 집 | 김 진 아
　　　　임 지 원
디자인 | 윤 서 빈

에이콘출판주식회사
서울특별시 양천구 국회대로 287 (목동)
전화 02-2653-7600, 팩스 02-2653-0433
www.acornpub.co.kr / editor@acornpub.co.kr